吾家之用

日用之物中的雅俗碰撞

张静 编著

陕西新华出版传媒集团
未 来 出 版 社

图书在版编目（C I P）数据

吾家之用：日用之物中的雅俗碰撞 / 张静编著. --西安：未来出版社，2018.5

（中华文化解码）

ISBN 978-7-5417-6613-8

Ⅰ. ①吾… Ⅱ. ①张… Ⅲ. ①日用品－研究－中国Ⅳ. ①TS976.8

中国版本图书馆CIP数据核字(2018)第095857号

吾家之用——日用之物中的雅俗碰撞

WUJIA ZHI YONG——RIYONG ZHIWU ZHONG DE YASU PENGZHUANG

选题策划	高　安　马　鑫
责任编辑	须　扬
装帧设计	陕西年代文化传播有限公司
出版发行	陕西新华出版传媒集团　未来出版社
	地址：西安市丰庆路91号　邮编：710082
经　　销	全国新华书店
印　　刷	陕西天丰印务有限公司
开　　本	880mm × 1230mm　1/32
印　　张	7.25
版　　次	2018年8月第1版
印　　次	2018年8月第1次印刷
书　　号	ISBN 978-7-5417-6613-8
定　　价	25.00元

如有印装质量问题，请与印厂联系调换

总序

中华民族的历史源远流长，从刀耕火种之始，物质文化便与精神文化相辅相成，一路扶持，共同缔造了博大精深的中华文化。这不仅使古代的中国成为东亚文明的象征，而且也为人类文明史增添了一大笔宝贵的遗产。在中国的传统文化中，物质文化以其贴近人类生活，丰富多彩和瑰丽璀璨的特点，集艺术与实用为一体，或华丽，或秀雅，或妩媚，或质朴，或灵动，或端庄，而独步于世界文化之林，古往今来备受东西方瞩目。“中华文化解码”丛书以通俗流畅、平实生动的文字，为我们展示了传统文化中一幅幅精美的图画。

上古时代，青铜文化在中原地区兴起，历经夏、商、西周和春秋，约 1600 年。其间生产工具如耒、铲、锄、镰、斧、斤、锛、凿等，兵器如戈、矛、戟、刀、剑、钺、镞等，生活用具如鼎、簋、鬲、簠、盨、敦、壶、盘、匜、爵等，乐器如铙、钟、镈、铎、句鑃、錞于、铃、鼓等，在青铜时代大都已出现了。西周初期，为了维护宗法制度，周公制礼作乐，提倡“尊尊”“亲亲”，一些日常生活中所用的器物逐渐演变成体现社会等级身份的“礼器”——或用于祭祀天地祖先，或用于朝觐宴饮，身份不同，待遇不同，等级森严，不得逾越。王公贵族击鼓奏乐、列鼎而食，天子九鼎，诸侯七鼎，卿大夫、士依次递减，身份等级，斑斑可见。鼎、簋、鬲、簠等食器，铙、钟、镈、铎等乐器，演变成为贵族阶级权力的象征。以青铜器为象征符号的礼乐制度，虽然随着青铜文化的衰落而由仪式转向道德，但对中国传统文化的影响却极为深远。

春秋战国时代，由于铁器的兴起并被广泛应用于社会生产和日常生活之中，人们的生活方式发生了巨大的改变。首先，铁农具的使用提高了农业生产力，社会财富日益积累，人们的生活水平得以提高，追求物质享受和精神愉悦的需求，反过来促进了衣食住行生产的发展；其次，手工制造业也因铁器的使用而开始发达，木质生活器具——漆器兴起，并逐渐取代了青铜器成为日常生活中的主要器具。曾经作为礼器的各类器具走下神坛，开始了“世俗化”的生活，品种越来越多，实用性越来越强，反过来促使生活器具愈来愈趋向人性化。在物质与精神的双重追求下，传统社会的物质文化不断向着实用和审美两者兼具的方向发展，成为中华民族传统文化的象征符号。

中国是传统的农业国家，讲起传统文化，不得不首先谈谈耒耜、锄、犁、水车、镰和磨等农业生产工具。人们使用它们创造并改变了自己的生活，同时也在它们身上寄托了丰富的感情。在中国的传统文化里，一直存在着入世与出世的两种精神。或读书入仕，或驰骋疆场，光宗耀祖，修身、齐家、治国、平天下的理想激励着多少古人志存高远。但红尘的喧嚣，仕途的艰险，又使人烦扰不已，于是视荣华为粪土，视红尘为浮云，摆脱尘世的干扰，寻一方乐土，回归淡然恬静，也成为很多人理想的生活方式。耒耜、犁等作为农业生产必不可少的农具，也成为这些人抒发遁世隐居情怀的隐喻。“国家丁口连四海，岂无农夫亲耒耜。先生抱才终大用，宰相未许终不仕。”那座掩映在山间，坐落在溪流之上的磨坊，随着水流而吱吱旋转永无休止的磨盘，则成为古人自我磨砺、永不言败、超脱旷达的象征。

农耕文化“日出而作、日落而息”的慢节奏的悠闲生活，使得我们的祖先有的是时间去研究衣食住行等多方面的内容，从而创造了独特的东方文化精粹。其中，饮食文化是最具吸引力的一个内容。不论是蒸、煮、炝、炒，还是煎、烤、烹、炸，不论是蔬果，还是肉蛋，厨艺高超的烹饪师都有本事将它们做成一道道色、香、味俱全的美味佳肴。这些美味佳肴配上制作精美、造型各异的食器，便组成了一场视觉与味蕾的盛宴。从商周的青铜器，到战国秦汉的漆器，再到唐宋以后的瓷器，传统社会的食器从材质到形制及其制作方法都发生了很大的变化，唯一不变的是对美学艺术和精神世界的追求。从抽象而神秘的纹饰，再到写实而生动的画面，不论是早期的拙朴，还是后期的灵秀，都倾注着中华民族的祖先对生活的热爱与执着。因为饮食在中国传统文化中起着调和人际关系的重要作用，所以中国文化的含蓄与谦恭，尽在宾主之间的举手投足之中，而那一樽樽美酒、一杯杯清茶与精美的器皿则尽显了中国饮食文化的热情与好客。“醉翁之意不在酒，在乎山水之间也”，“兰陵美酒郁金香，玉碗盛来琥珀光”，酒与古代文人骚客“联姻”，成就了多少绝世佳句！

衣裳服饰，既是人类进入文明的标志，也是人类生活的要素之一。它除了具有满足人们遮羞、保暖、装饰自身需求的特点外，还能体现一定时期的文化倾向与社会风尚。我国素有“衣冠王国”的美称，冠服制度相当等级化、礼仪化，起自夏、商，完善于西周初期的礼乐文化，为秦汉以后的历代王朝所继承。然而在漫长的历史发展中，我国的传统服饰，包括公服和常服，却不断地发生着变化。商周时的上衣下裳，战国时的深衣博带和赵武灵王的“胡服骑射”，汉代的宽袍大袖，唐代的沾染胡风与开放华丽，宋明时期的拘谨与严肃，清代的呆板与陈腐，无不与经济、政治、思想、文化、地理、历史以及宗教信仰、生活习俗等密切相关。隋唐时期，社会开放，经济繁荣，文化发达，胡风流行，思想包容，服饰愈益华丽开放，杨玉环的《霓裳羽衣曲》以“慢束罗裙半露胸”的妖娆，惊艳了整个中古时代。

在中国古代服饰发展的过程中，始终体现着社会等级观念的影响，不同社会身份的人，其服装款式、色彩、图案及配饰等，均有着严格的等级定制与穿着要求。服饰早已超越了其自然功能，而成为礼仪文化的集中体现。

对人类而言，住的重要性仅次于衣食。从原始时代的穴居和巢居，到汉唐的高大宏伟的高台建筑，再到明清典雅幽静的园林，中国的居住文化由简单的遮风避雨，逐渐发展到舒适与美观、生活与享受的多种功能，而视觉的舒适与精神的审美则占了很大一部分比重。明代文人李渔在《闲情偶寄》中讲道：“盖居室之制贵精不贵丽，贵新奇大雅不贵纤巧烂漫”，“窗栏之制，日新月异，皆从成法中变出”。在他们眼中，房屋的打造本身就应该是艺术化的一种创作，一定要能满足居住者感官的需求，所以要不断推陈出新。在这样的诉求下，中国的传统居住文化集物质舒适与精神享受为一体，一座园林便是一个“天人合一”的微缩景观，山水松竹、花鸟鱼虫等应有尽有，楼、台、亭、阁、桥、榭等掩映其间，错落有致。临窗挥毫，月下抚琴，倚桥观鱼，泛舟采莲，“蓬莱深处恣高眠”，“鸥鸟群嬉，不触不惊；菡萏成列，若将若迎”，好一幅纵情山水、优游自适的画卷！

与传统园林建筑相得益彰的是家具。明清时代的木制家具不仅是中国文化史上精美的一章，也是人类文明史上华丽的一节。幽雅的园林建筑配上典雅精致的木制家具，寂寞的园林便有了生命的存在。木质家具是人类生活中必不可少的器具，它的广泛使用与铁制工具的普及密切相关。从秦汉时期的漆器，到明清时期的高档硬木，古典家具经历了2000多年的发展历程。至明清时代，中国的古典家具便以简洁的线条，精致的榫卯结构，以及雕、镂、嵌、描等多种装饰的手法而闻名于世。因为桌案几、椅凳、箱柜、屏风等的起源都可上溯到周代的礼器，所以尽管长达数千年的发展，木质家具早已摆脱了礼器的束缚，不但形式多样，而且制作精美，但是在它们身上仍然体现了传统文化的影响。功用不同，形制不一，主人的身份不同，家具的装饰与材质也就不同。一张桌子、一把椅子、一张床、一座屏风，不仅仅显示的是主人的身份和社会地位，也是主人品位和风雅的体现。正因为如此，文人士大夫往往根据自己的生活习性和审美心态来影响家具的制作，如文震亨认为方桌“须取极方大古朴，列坐可十数人，以供展玩书画”。几榻“置之斋室，必古雅可爱”。“素简”“古朴”和“精致”的审美标准，加上高端的材质、讲究的工艺和精湛的装饰技术，使我国的古典家具成为传统物质文化中的瑰宝。

中国传统文化有俗文化与雅文化之分，被称作翰墨飘香的“文房四宝”——笔、墨、纸、砚，便是雅文化中的精品。这是一种渗透着传统社会文化精髓的集物质元素与精神元素为一体的高雅文化。从传说中的仓颉造字起，笔、墨、纸、砚便与中国文人结下了不解之缘。挥毫抒胸臆，泼墨写人生，在文人士大夫眼中，精美的文房用具不仅是写诗作画的工具，更是他们指点江山、品藻人物、激扬文字、超然物外、引领时代风尚的精神良伴，即“笔砚精良，人生一乐”是也。作为文人的“耕具”，笔具有某种人格的意义，往往作为信物用于赠送。墨等同于文才，“胸无点墨”便是不知诗书。在中外的历史上，没有哪一个民族像中华民族这样，能把文化与书写工具紧密相连，也没有哪一个民族的文人能像中国文人那样，把笔、墨、纸、砚视作自己的生命或密友。在这样的文化氛围中，人们对笔、墨、纸、砚的追求精益求精，它们不再仅仅是书画的工具，更成为一种艺术的精品。可以说，文人士大夫对“文房四宝”的痴迷赋予其深沉含蓄的魅力，而深沉含蓄的“文房四宝”则成就了文人士大夫温文儒雅、挥洒激扬的风姿。“风流文采磨不尽，水墨自与诗争妍。画山何必山中人，田歌自古非知田。”两者水乳交融的结合，形成了中国文化特别是书画艺术无与伦比的意蕴。

说到音乐，则既有所谓“阳春白雪”之类的雅乐，也有所谓“下里巴人”的俗乐，更离不开将音乐演绎成“天籁之声”和“大珠小珠落玉盘”的传统乐器。音乐的产生与人类的文明有着密切的关系，音乐和表现音乐的各种乐器，与文学、书法、绘画等艺术形式一样，既是人类文明的产物，也是文化的重要组成部分。作为精神文明的成果，音乐经历了人神交通、礼仪教化、陶冶情怀和享受娱乐的几个阶段，曲调由神秘诡异、庄重肃穆变得清雅悠扬、活泼轻快起来。传统的乐器也由拙朴的骨笛、土鼓、陶埙等，演变成大型的青铜编钟，进而又演化成琴、筝、箫、笛、二胡、琵琶、鼓等。每一种乐器都演绎着不同的风情，“阅兵金鼓震河渭”擂起的是军旅的波澜壮阔；“半台锣鼓半台戏”敲响的是民间的欢乐喜庆；有“天籁之音”之称的洞箫，吹出的是中国哲学的深邃；音色古朴醇厚的埙，传达的是以和为美的政治情怀。在所有的乐器中，最为人所重的是琴。在古代，琴被视为文人雅士之所必备，列于琴、棋、书、画之首，“琴者，情也；琴者，禁也”，它既是陶冶情怀、修身养性的重要工具，又是抒发胸怀、传递情感的媒介。一曲《高山流水》使伯牙、钟子期成为绝世知音，一曲《凤求凰》揭开了司马相如与卓文君爱情的序幕，《平沙落雁》《梅花三弄》等则奏出了骚人墨客的远大抱负、广阔胸襟和高洁不屈的节操。

与雅文化相对应的是俗文化。俗文化产生于民间，虽然没有“阳春白雪”的妩媚与高雅，却有着贴近生活的亲切和自然。那些小物事、小物件，看起来不起眼，却在日常生活中不可或缺。那盏小小的油灯，虽然昏暗，却在黑暗中点燃了希望；上元午夜的灯海，万人空巷，火树银花，宝马雕车，是全民族的节日狂欢。文化必须在流动中才能绽放美丽。那曾经是帝王专用的华盖，虽然因走向民间而缺少了威严，但民间的艺术却赋予它更多的生命意义：以伞传情，成就了白娘子与许仙的传奇；以伞比兴，胜于割袍断义的直白。庆典中的伞热烈奔放，祭典中的伞庄重肃穆，浓烈与质朴表达的都是传统文化的底蕴。原本“瑞草萐莆叶生风”的扇，只为夏凉而生，在文人墨客手里却变成了风雅，“为爱红芳满砌阶，教人扇上画将来。叶随彩笔参差长，花逐轻风次第开”。

扇与传统书画艺术的结合，使其摇身一变而登堂入室。而秋扇寒凉之悲，长袖舞扇之美，则为扇增添了凄美与惊艳。那把历经沧桑的锁呢？它锁的不是悲凉哀伤，而是积极快乐、向往美好和吉祥如意的心，既关乎爱情，也关乎生活，更关乎人生！

在传统的民俗文化中，有一组主要由女人创造的物质文化载体，那就是纺织、编织、缝纫、刺绣、拼布、贴布绣、剪花、浆染等民间手工艺品。同其他传统物质文化一样，这些民间手工艺品，在中国也传承了数千年的历史，并且一代一代由女性传递下来。这些民间艺术作品秀外慧中，犹如温婉的女子，默默与人相伴，含蓄多情，体贴周到却不张扬。因为是女人的制作，这些民间艺术难登大雅之堂，但离了它，人们的日常生活便缺失了很多色彩。

剪纸起源于战国时期的金箔，本是用于装饰，自从造纸术发明以来，心思灵慧的女人们便用灵巧的双手装点生活，婚丧嫁娶，岁时节日，鸳鸯戏水、十二生肖、福禄寿喜、岁寒三友等，既烘托了气氛，又寄托了情感。男女交往，两情相悦，剪纸也是媒介，“剪彩赠相亲，银钗缀凤真……叶逐金刀出，花随玉指新”。

由结绳记事发展而来的中国结，经由无数灵巧双手的编结，呈现出千变万化的姿态，达到“形”与“意”

的完美融合。喜气洋洋的“一团锦绣”，象征着团结、有序、祥和、统一。

最早的绣品出现在衣服之上，本是贵族身份地位的标志，龙袍凤服便是皇帝和皇后的专款。不过，聪慧的女人把自己的生活融入了刺绣艺术之中，各种布艺都是她们施展绣技的舞台，对生活的期望和祝福也通过具有象征意义的图画款款表达。那或精致小巧、或拙朴粗放的荷包，都寄托了女人们不尽的情怀！中国的四大名绣完全可以当之无愧地登堂入室，成为中华传统文化的瑰宝。

“渔阳鼙鼓”不仅惊醒了唐玄宗开元盛世的繁华梦，也打破了大唐民众宁静的生活。那些从远古狩猎器具发展演变而来的干戈箭羽，曾经是猎人骄傲的象征，如今却变成了杀人的利器，刀光剑影中，血似残阳。在漫长的冷兵器时代，刀枪棍棒、斧钺剑戟，对皇家而言，是权威的象征，威严的仪仗便是象征着皇权之不可撼动；但对个人而言，则是勇士身价的体现，三国时代的关羽以“走马百战场，一剑万人敌”而扬名千年。然而，正如其他器物一样，兵器在传统文化中也被赋予了多样的文化象征意义。“项庄舞剑，意在沛公”，这剑便是杀气，项庄便是剑客；文人弄剑，展现的则是安邦定国、建功立业的豪气。斧钺由兵器一变而为礼器，象征着军权帅印，接受斧钺便意味着被授予兵权，因此斧钺就成为皇权的象征。斧钺的纹饰为皇帝所独享，违者就是僭越。礼乐文明赋予传统文化雍容的气质，也为嗜血的兵器涂上一抹温雅的祥和，那就是“化干戈为玉帛”和射礼的出现。春秋时代的中原逐鹿原本就是华夏民族内部的纷争，“兄弟阋于墙，外御其侮”，民族发展的最大利益便是和平。逐鹿的箭羽配着优雅的乐调，大家称兄道弟一起享受着投壶之乐，一切矛盾化为乌有。

具有五千年历史的中华民族，以其勤劳和智慧，创造了丰富多彩、璀璨夺目的物质文化。它们源于生活，又高于生活，在数千年的发展中，融合了雅俗文化的精髓，变得富有生命力和艺术创造力。它们是一种象征符号，蕴含了传统文化的博大精深；它们是一幅美丽的画卷，展现了传统文化的精致典雅；它们是一部传奇，演绎了传统文化由筚路蓝缕走向辉煌。它们所体现出的文化元素，不仅使历史上的中国成为东亚文化的中心，也成为西方向往的神秘王国。它们犹如一部立体的时光记忆播放机，连续不断地推陈出新，中华文化精神也就在这些集艺术与实用为一体的物质元素中一代一代地传承下来。

焦 杰

目录

第三章 中国锁

第四章 中国伞

绪 论

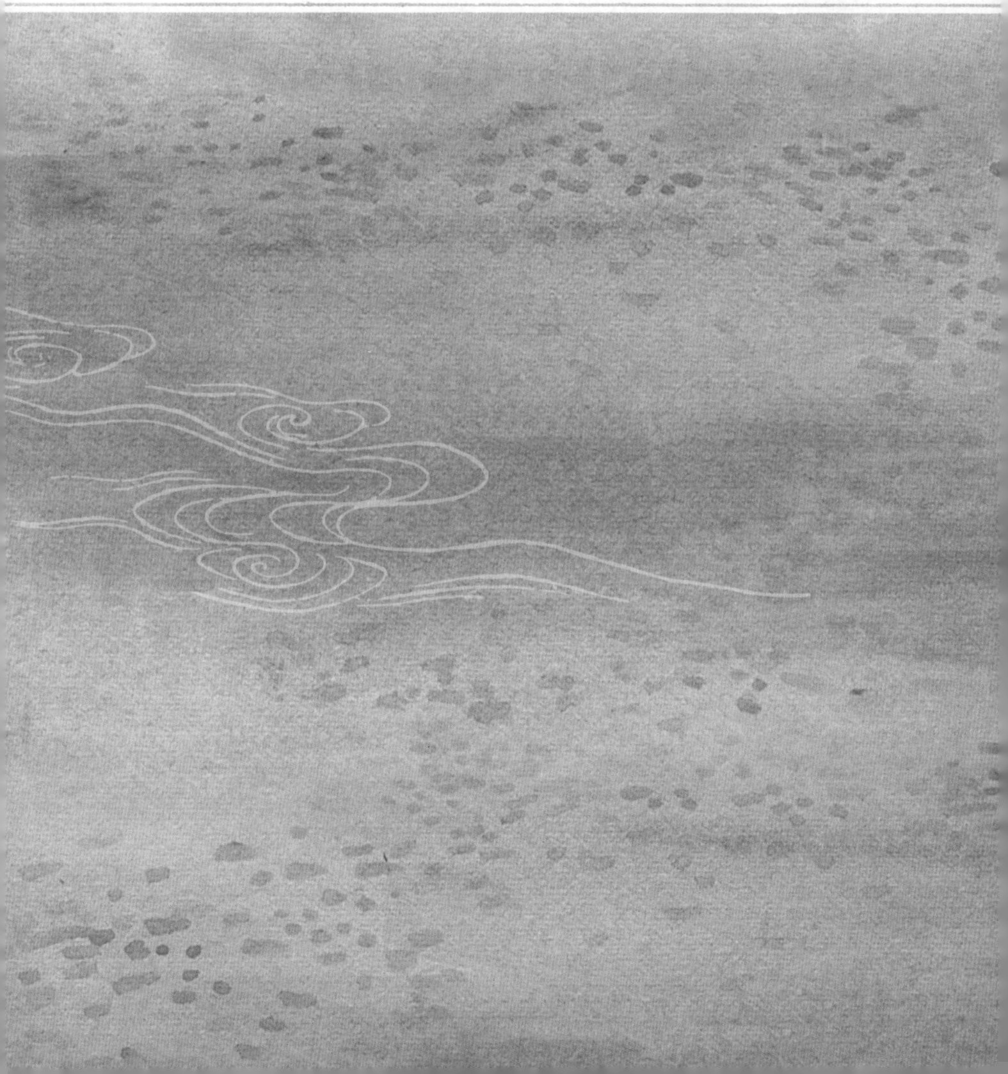

从古到今，在每一个人的生活历程中，总有一些相伴左右、不可或缺却又不曾被重视的日用之物，它们如此平凡，却能在暗夜里提供光明；它们如此微小，却能带来夏夜的清凉；它们如此平常，却能守护每一个家中最珍贵的物件；它们如此简单，却能为人们撑起一片晴空。灯、扇、锁、伞，谁不曾用过？谁能不熟悉？然而，你是否知道它们的历史演变和不平凡的身世？是否了解它们曾经有过的辉煌与荣耀？是否懂得这些日常之物的背后蕴藏着多少我们先祖的情感与中华文化的印记？悠悠文字，书写灯、扇、锁、伞之烟海苍茫的无限往事；小小物件，见证上下数千载之华夏文明。它们曾伴君王得天下，曾传墨宝越古今，曾映上元团圆月，曾寄祥瑞锁心间。

第一章　中国灯

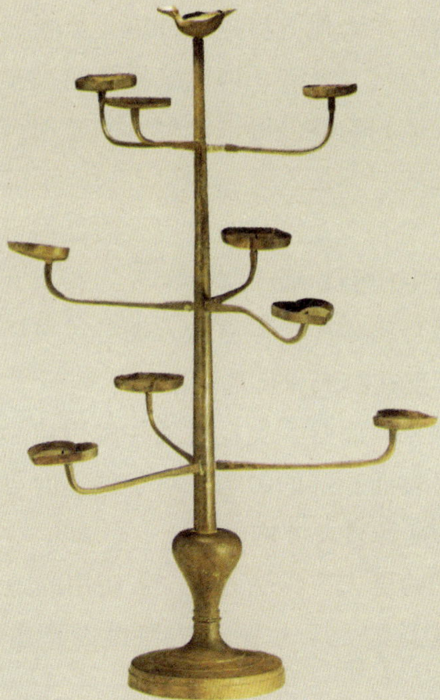

一、星星之火渐成灯

灯之主——火的诞生

天地之间，自鸿蒙开辟，便有了白昼与黑夜之分。原始人类白天在大地上行走、打猎、饮食、争斗；黑夜在洞穴中栖息、梦寐，担忧着野兽的来袭，惧怕着夜的死寂。他们盼望借得一点星月的光芒，好让黑夜不再如此恐怖，于是，火出现了。火，不仅明亮，而且温暖。中国大地上较早的使用火的证据可以在云南元谋人遗址中找到，那个时代距今约有 170 万年。那里的炭屑虽早已冰冷，但原始人类曾经点燃的火堆仿佛依然会浮现在今天人们的眼前。

很难想象，原始人类在发现并使用自然火之前经历了怎样漫长而恐怖的黑暗。对于他们而言，发现火是一个神奇而惊喜无比的过程。

在人类学会人工取火之前，所使用的是“天火”，也就是火山熔岩、干枯树枝的自燃以及雷击所引发的火。

取得“天火”之后，人们要认真地保存火种，因为一旦火熄灭了，对于整个族群都将会是一场灾难。他们只有听天由命地等待下一次“天火”的降临。当然，也可以设法去到临近的族群借取火种。所以，在人类学会使用自然产生的火的早期，必须有专人来看管火种。今天，我们从考古发现中可以获知先民们用专门的器皿来保存火种，例如仰韶文化遗址中的火种罐。先民们对火种的格外珍惜之情在一些民族的发展中被保存下来，甚至具有了宗教的意义。

火的发现与利用对于人类文明史的推动有着重大意义，“火可以独立于人类而存在”[1]，但人类的发展却离不开火。当人类想要更自主地占有火的时候，文明就又向前迈进了一大步。先民们在艰苦而漫长的尝试和摸索之后学会了人工取火，他们通过钻、锯、击的方法取得火。现存最早的钻木取火的工具是木燧，到了西周中期又出现了金属制造的取火工具——阳燧。阳燧也叫金燧，在晋代崔豹的《古今注》中对阳燧有过描述，这是一种用铜制造，形状像镜子一样的器具，对着太阳就可以用艾点火。宋代沈括的《梦溪笔谈》中也说到了阳燧是凹面的，对着日光时会在距离镜面一两寸的地方聚焦成一个如麻菽一样大的光

阳 燧

点，把可燃物放置其上即可点火。古人认为阳燧所获得的是太阳的精华，所以取了这样一个名字。目前发现的最早的阳燧实物出土于陕西扶风县黄堆村周原遗址。为了证实此物为引火之用，考古学家还专门复制了一件与之材质大小均相同的仿制品，置于日光之下，果然能够取火。依据《周礼》等典籍所载，古人的腰间会左佩阳燧，右佩木燧，另有加了硝水的艾绒制成的火绒用以点火，足见火对于古人生活的重要性。

火带给人类熟食、光明，也驱逐了野兽，从而保护了人类。所以，斯蒂芬·J.派因说“我们是一个走进火的物种”。

通神之火

从众多的中国上古神话中，我们可以一窥先民们对于人类起源的想象和对自然界万事万物的理解。“火，从一开始便是以一种神格意象进入原始先民的思维与认知模式的。”[2]有学者研究认为，今天的社火应该是远古社祭、火祭仪式的遗存，也是古代祭祀土地神和火神的遗俗。祭祀土地神是为了农业生产的丰收，而祭祀火神则显然是出于原始人类对火的崇拜与敬畏。由于火对于人类发展而言有着重大的意义，先民们感到火是一种神秘力量的象征，“火实在太强大、太神秘了，以至于不得不崇拜它。大多数最古老的宗教都有一个火神，而且有些宗教只有火神。”[3]

《补三皇三纪》中提及炎帝因火而得名，炎帝的族号为高辛氏，辛是薪的本字，而薪指可以燃火之物，由此可知炎帝的部族是一个崇拜火的部族。仰韶文化遗址出土的陶器上的火焰纹也清楚地表明，火作为一种图腾崇拜已经与人们的生活密切交融。

周代以前，日神是所有天体神明中最重要的神，受到人们最隆重的膜拜与祭祀。在迎送日神的仪式中，人们会宰杀牛羊以献祭，并在高台上焚烧火堆，把牲畜、玉石等祭品放在火上烧，待焚烧的烟火升腾上天，人们就认为祭祀的目的已上告于天。火在祭祀仪式中的出现使得两者从此产生了密切的关系，甚至成为一个象征性的符号。“在火早已不再被崇拜，需要火陪伴、供暖和献祭的时代远去之后，仪式之火作为人类生活中道德生态学的一部分持续下来。”[4]

时至今日，我国一些少数民族的宗教信仰和民间礼俗中仍保留着许多与火相关的祭祀仪式和习俗，蒙古族的腊月二十三，云南彝族的二月初二、初三都要举行祭火仪式。

火的神秘力量与后来灯在宗教祭祀中的应用可以说有着密切的联系，从人类认识火，使用火以后，火便上可通神，下可达俗。

火的存在空间——灯具出现

在古代中国的北方，茂密的松林为人类提供了富含树脂的木材，人们用一捆松树枝做成火把，松木火把所带来的持久光亮是其他木材所不能比拟的，人们觉得这明亮的松木火把真是夜晚的良伴，便给它起了一个简单而准确的名字——“松明”。但松林不是处处都有，如果树枝本身没有多少油脂可供燃烧，何不设法让它裹上油脂来长久燃烧？也许是炙烤猎物时，动物油脂的易于燃烧启发了原始人类的思维，他们将成捆的树枝浸入动物油脂中，然后经过人工改良的火把就出现了，这就是“脂烛”。

当人类拿着最早的“便携式照明工具”行走于黑夜时，他们又开始思考要不要对放在不同位置的火把加以命名。《周礼》一书便记录了这些不同的名称：未点燃的火把称作“燋”（jué），院内的火堆则为“庭燎”，在门外手持的火炬称之为“大烛”。而《诗经》则以《小雅·庭燎》一篇让今人仿佛看到了燃烧在两千多年以前古人庭院中的火光：

> 夜如何其？夜未央，庭燎之光。
> 君子至止，鸾声将将。
> 夜如何其？夜未艾，庭燎晣晣（zhé）。
> 君子至止，鸾声哕哕（huì）。
> 夜如何其？夜乡晨，庭燎有辉。
> 君子至止，言观其旂（qí）。

火把燃在门外，燃在庭中，而更多的时候则是照亮了室内的空间。宁夏海原县菜园村在 4000 多年以前曾经是仰韶文化晚期新石器时代人类的居住地，在那里的13号洞穴内至今还能够看到石壁上凿出的用于插入火把的孔洞。久经燃烧而变色的墙壁分明是在告诉后来者这里曾有最早的“壁灯”，火把有了可供放置的专门处所，灯的前身也已渐渐显现。

火把时代延续了漫长的岁月，在久远的时光之中，我们的祖先已经不仅仅将火把当作照明的工具，同时也用来通神、祭天，以及用作礼仪。在《礼记·曲礼》中写道“烛不见跋，尊客之前不叱狗，让食不唾”。意思是去别人家做客要懂得礼仪，停留的时间要有一定的限制，没有钟表的先秦人用房中燃烧的火把作为标准（此处的烛指的是火把），告诉来客看看火把烧到了末端就该知趣地起身告辞！在尊贵的客人面前不叱骂自家的小狗，主人奉上的食物要恭敬地对待。一句简单的言语将主客之道清楚地讲明。可以说，华夏几千年文明礼仪，此后皆从《周礼》之中衍出。而火把作为灯的前身，也已经与中华礼仪文化相融合，成为后代洋洋大观的灯文化的源头。直到今天，我们仍然会在旅行的路上或是郊游的夜晚，燃起一堆篝火，不为照明，只为那一份从原始时代绵延而来的情愫，看跃动的火苗燃着柴草噼啪作响，我们对于大自然最原始、神秘的那一份幻想也得到了满足。

当火把的烈焰以飞升的姿态指向黑暗的苍穹，在短暂的耀目之后归于寂灭，人们便开始寻求更加长久的照明方式。

由于石头的大量存在，加上先民们居住的洞穴多为天然的石洞，因此，他们的生活总是不可避免地与石头发生着各种关联，比如石器时代的大量生活用具。国外的研究者认为人类最早使用的灯具应该是先民们在石头上凿出的凹形小穴，美国《不列颠百科全书》记载了这样的“石灯”，其中放置苔藓类的物质，浸以动物油脂，便成了用于固定照明的“灯”。

在我国，目前所能发现的最早的灯具是战国时期的“豆”形灯。然而，由于已发现的“豆”形灯具显然已经属于较为成熟的灯具阶段，在其同时代或者稍后的时期里出土的灯具也已显现出多样化的造型和较为繁复的装饰效果，所以，“豆”形灯具是否就是中国古代灯具的最早形态，则有待于更多的考古发现来做出推断。

“豆”本是先秦时期普遍使用的一种盛食物的器皿，陶制居多，也有青铜、木、竹制成的“豆”。“豆”是一种高足盘，上有圆盘，中间有柄，连接着下面的圆形基座。《诗经·大雅·生民》一篇中有这样的诗句：“卬盛于豆，于豆于登”，此处的“豆”即是木质的盛肉食器，而“登”则是瓦豆。

在新石器时代，“豆”由食器发展成了陶豆灯。那么，先秦时期的人们是如何将食器的“豆”变为具有灯的性质的“豆”呢？大约是人们在使用“庭燎”“大烛”相当长的时间以后，开始逐渐思考如何才能发明出更加便于移动，且照明时间更长的器具，于是，最早的灯具便产生了！朴拙的豆形灯一出现，便因其便携性、具有一定的照明高度，以及廉价易得而受到了人们的追捧。

当时光推进到战国中后期，天下四分五裂，群雄逐鹿，在这样礼崩乐坏的时代中，中国的灯开始融入春秋战国时代人们的审美观念、时尚风范和时代精神。

陶豆灯

这个时期不仅是后世文学、史学、哲学等诸多学科的源头，也是中国古代洋洋灯海的源头，虽仍像涓涓细流，未成气候，但距汇流成海的汉代灯族已是为时不远。

《楚辞·招魂》中有“兰膏明烛，华容备些”“兰膏明烛，华镫错些”这样的句子，楚国宫室的富丽掩映在华灯之下，那些香膏做的灯火照亮美人的容颜。华美的灯具高低错落，灯如火树映射着金属的光彩。战国时代的宫室因为有了华灯的照耀而显出恢宏的气势！那些各具形态的青铜灯具闪烁着温润的光芒。战国十五连枝灯，其高大的多枝灯如繁盛的大树，“树梢”枝头十几盏灯火同时点燃，枝丫间有一夔独立、二鸟翻飞、数猴腾挪，好不热闹！树下更有两人

战国　十五连枝灯

裸身而立，以手中食物戏耍树上诸猴。灯座则由三只威猛的老虎承托，夔龙纹样缠绕其间。一盏小小铜灯，龙、虎、猴、鸟、人、树共存于一个空间之中，从巨龙到小鸟，由大及小，没有丝毫违和之感，只显出了人与自然诸多生灵欢乐共存的状态，也使人从中品味出战国时代人们的自然观与生命观。这盏十五连枝灯曾沉睡于战国中山王的陵寝中长达2000多年之久，当它重返人间之时，虽已铜锈斑驳，但造型之精致仍举世惊叹。

银首人俑灯

由于青铜灯的造价高昂，在战国时期仅为贵族使用，同样出土于中山王墓的另一盏青铜灯也颇具代表性。这盏银首人俑灯通体以错金银工艺制作，人物眼眸镶嵌黑色宝石，着以黑红两色图案的服饰，张开的左手握有一螭龙，右手高高托起一盏灯盘，左手紧握的螭龙盘结在另一盏灯盘上，两灯高低错落，又与其间的人俑达成一种稳定和平衡。

战国时代的灯具以豆形灯、多枝形灯、人俑形灯、兽形灯为主，可以说后世灯具的主要形制和材质从战国的灯具中已经基本显现。同时，灯具的材质、形制及其使用的方式、场合，也体现着这一时期的经济发展、礼仪文化、审美特征。中国古代灯具在历史中迈出的第一步已是光耀世间，滚滚而来的历史长河将因为华灯的照耀而流光溢彩、婉转生辉，这其中有多少红烛绮筵、银釭高擎的夜晚，就有多少人世离合与浮沉的悲欢往事。

二、制器尚象——灯族大观

先秦时代的“三礼”规定了人们社会生活中许多层面所要遵守的礼仪与制度，在这些礼仪制度中，人们的社交、生产、祭祀等活动往往会与种种器物发生关联。古代工匠们在制作器物时，其工艺设计都会在一定程度上受到制度、礼俗的制约，而不是可以随心所欲地发挥想象力。他们的作品或师法自然，或取象于社会观念，总有源头可以追溯，而这个源头就恰恰反映了一个时代的思想、情感乃至于政治威仪。

擎灯之人

蒋勋曾在其《中国美术史》的讲座中说道：“比起世界上同时期的其他国家和地区，比如希腊、印度、埃及，中国在春秋战国时期人的造像是缺失的。到了秦以后，人的造像才能与西方的人像并驾齐驱，比如秦俑。”但是，中国古代灯具中的人物形灯却出现得较早，在战国时期就已经有了比较多的人形灯，比如山东诸城葛埠出土的人擎双灯，湖北江陵望山二号墓中的骑驼人形灯，湖北包山楚墓出土的一对人擎灯，河南三门峡上村岭出土的跽坐人漆绘铜灯，河北平山中山王墓出土的银首人俑灯等。这些形态各异的人形灯具反映了人与灯具照明的密切关系，同时，早期的人形灯还表现了对于火神的崇拜。

在灯具出现以前，古人所使用的照明工具是灌木及枯木枝条所捆扎而成的火把。火把的使用要由人来手持，或者插在墙壁的孔洞上固定着，大的火把用于宽阔场地的照明，被放置在庭院以及大门外，这便是早期照明工具的几种使用方法。由于技术落后以及受使用方式的局限，在战国之前的很长一段时间内，人们使用火把时都要用手持举。在贵族官员的日常生活中，这一任务是由充当侍从的奴隶来完成的，外出时车马前就会有奴仆持烛引路。另外，依据《礼记》的记载，掌管国君饮食的小官也要负责拿着点燃或者准备点燃的火把（《礼记·少仪》“主人执烛抱燋”）。当然，火把的使用并不方便，普通人的活动时间大多局限在白昼。例如古人的一日两餐制，上古歌谣中所唱的“日出而作，日入而息”，这些生活习惯应该说都在一定程度上受到了照明不便这一因素的影响。只有当灯具出现后，人们的生产生活才有条件从白昼延伸到黑夜。

目前出土的战国时期人物形灯具中，大多都是人双手持灯的姿态，有的骑在骆驼上手持灯柄，有的站立擎灯，有的跪坐捧灯，有的双臂伸展呈一字形，双手各举一个灯盘。这显然是在重现灯具出现以前人们高举火把照明的状态。

湖北江陵望山二号墓出土的骑驼人形灯

战国时期的人形灯具当中，有一盏由湖北省博物馆收藏的骆驼人形铜灯。我国北方少数民族在殷周时代就已经开始蓄养骆驼。3000多年以前，殷商时代的骆驼曾经是四方诸侯，包括今天的新疆、蒙古、中亚一带的少数民族，敬献给周成王的贡品。而在汉代以前，古人还没有将骆驼大量用于军事和生产生活当中。可见，这盏战国时代的骑骆驼人形铜灯应当属于当时王公贵族所使用的器具。

出土的人物形灯，汉代在数量上最多。从人物造型与灯盘的关系看，有战国时期双手托举灯盘的形象，也有单手托举灯盘以及头顶灯盘的形象。

湖南博物馆馆藏的一盏东汉时期的人形铜吊灯可谓独具一格，人物的背上悬挂着三根链子，以飞翔的姿势俯身托举着灯盘，如同从天而降的使者给人间带来光明。

人形铜吊灯

人形灯具中人的形象，有普通民众，也有来自神话传说的人物形象，例如收藏于江苏省苏州文物商店的南朝羽人捧圈青铜灯架。这盏灯的底部是倒扣的莲花底座，羽人立于其上，双手捧着灯圈，在其双膝前也有一个灯圈。羽人形象在我国古代的画像石、青铜器等器具上出现过次数很多，其外形是人与鸟的结合。据推测，羽人形象源于战国时期楚地文化的长生久视观念，《楚辞·远游》有云："仍羽人于丹丘兮，留不死之旧乡。"汉代是羽人形象被运用较多的一个时代，可以说羽人形象贯穿了汉代艺术的始终，这与汉武帝以后统治者的长生思想有着密切关系。汉代的羽人形象除了具备神仙长生不老的仙的特性以外，还具有接引仙药、助人长寿、奉神娱神、辟邪等功用。至汉代以后的六朝时期，神仙、道教长生久视的思想在文人士大夫以及贵族阶层之间颇为盛行，故而南朝出现的羽人形灯具亦可作为这一时代人们对于神仙世界追求的一个具体表现。

隋代的捧灯女陶俑双手拱于胸前，依然是手捧灯盘。而唐代的三彩人荷灯座也是将荷叶形状的灯盘托举胸前。金代的合金铜供养女神烛则是头顶灯盘的形态。从历代人形灯中人与灯盘在造型上的位置关系来看，战国时期的人形灯均为双手托举灯盘，这是脱胎于“执烛抱燋”原始形态的表现，也是灯具出现之初人们对于灯火的虔敬心态的反映。到了汉代以后，“执烛抱燋”形态的灯具明显减少，随着时代的发展，人们逐渐远离了最初关于照明的原始记忆。由于立灯、行灯、坐灯等使用方式不同的灯具的出现，灯的使用进入更加自由的境界，也真正融入人们的日常生活中，成为一件寻常的生活用具，而不再是被高高举起的神物。

在古代青铜人形灯具中，被塑造成托举灯盘或者以头顶灯盘的人物大多都是奴仆或者下层百姓，以及少数民族的形象。所代表的是贵族阶层对于下层百姓的奴役，以及汉族对于当时少数民族的征服心理。

跽坐人漆绘铜灯

已出土的战国时期的人形灯的造型多是站立、跪坐的姿势。河南省三门峡上村岭出土的跽坐人漆绘铜灯，塑造了一个跪坐的男性形象，梳着偏髻，下颚系着带子，穿高领束袖的长袍。这个男性的表情肃穆，双手举着“Y”形的灯柄。残留的漆绘说明这盏灯原本是彩漆上色的，相信在它刚刚被制作好的时候，一定有着非常生动鲜活的色彩。

此外，河北省平山县出土的银首人俑灯，湖北省荆门市包山楚墓出土的铜人擎灯，这些人形灯所塑造的人物形象有男性也有女性，从他们的服饰等外形特征来看，均为社会的下层百姓。

铜人擎灯

灯具产生以前，王公贵族家中的奴仆负责举着照明的火把，而战国以后，成熟的青铜灯具被贵族们使用，此时，虽然座灯被放在地上或者案几之上用以照明，早已不需要奴隶擎灯，但那些曾经的灯奴形象依然保存在了人形灯上，只是用铜人代替了手举火把的活人。那些曾经被奴役的夏商周年代的仆从们的生命早已逝去。事实上，即使在他们活着的时候，也如同这些百年以后出土的灯盏上的铜人一样，只是一个静默的背景，一个几乎可以被当作没有生命尊严的个体。

战国时期的青铜灯数量较多，使用者自然是上层社会的贵族们。青铜材质的物品易于制造出一种肃穆的神秘气氛，所以青铜器物可以被认为是先秦的奴隶主用来震慑奴隶们的一种方式，战国的青铜灯具也是如此。

到了汉代，出土的人形灯具的数量比战国时期多，材质上则增加了陶制人形灯具。人物形象也发生了改变，呈现出更加生动、丰富与柔软的姿态。1968年，在河北省满城县西汉贵族中山靖王刘胜夫妇墓中出土了一盏名为长信宫灯的人形青铜灯具，这盏灯具成为我国古代灯具的一个代表，只要说起古灯，即使不了解古代灯具的人也会想到长信宫灯。长信宫灯形制精巧而华丽，不似其他青铜器皿的厚重，导烟管的设计独具环保意识，众多考古学家和冶金史专家均认为这盏灯在汉代灯具中首屈一指，因此，长信宫灯也被称为“中华第一灯”。这盏灯的主人本来是西汉阳信侯刘揭，刘揭在汉文帝时被封侯，到了景帝朝又被削爵，家产尽没，这盏传世灯具也就归入了皇太后的长信宫中，故而得到了今天的名字。后来，窦太后将这盏灯赐予自己的本族裔亲窦绾，窦绾便是汉景帝之子中山靖王刘胜的妻子。长信宫灯几经易主，被作为皇族间馈赠的礼物，足见在当时这盏造型独特、设计精美的宫灯的珍贵程度。

长信宫灯

长信宫灯的主体部分是一个汉代的下层宫女形象，宫女呈跪坐的姿态，44.5厘米高，她左手托灯，右臂高举，飞舞灵动的弧形长袖与灯罩融为一体。青铜鎏金工艺的运用使得这盏灯闪耀着含蓄而华美的光芒，映射着汉代宫廷的华丽陈设。宫女的表情安详温顺，有一点儿淡淡的忧伤，梳着发髻，头戴巾帼。巾帼是当时妇女佩戴的丝织品的头饰，因其多为妇女所用，所以后来巾帼成为女性的代称。

当然，长信宫灯首先被世人瞩目的地方还在于其精巧的工艺，以及巧妙的设计理念。这样的人形灯既是灯具，也是装饰品，还是汉代王公贵族奢华生活的证明。

人形灯经历了灯具初创期——先秦，以及第一个繁荣期——汉代，之后便在灯具发展的历史上逐渐消失，并为后世出现的造型各异的动物形状和植物形状灯具所取代。这表明随着时代的发展，人们的审美追求趋于多样化，那些活泼的动物和美丽的植物纹样向世人展示着新的文化内涵和时代特色。

温驯的兽形

动物形灯具是古代灯具世界一个非常生动传神的存在，它们除照明功能之外，更多地在向我们传达着逝去的那些时代的人们的希冀、喜好和畏惧。

动物造型灯具多种多样，包括与人们日常生活息息相关的牛、羊、鱼、兔，也有狮子、仙鹤、熊、象、大雁、蟾蜍、青蛙、犀牛、蛇等造型。此外，还有存在于人们幻想中的、具有图腾性质的神兽，如龙、凤、朱雀、辟邪、摩羯等。

我国自古以来就有在各类物件上以各种造型、图案来表达人们对于美好生活的愿望的传统。而众多的动物形灯具中，则大部分都寄托了制作者或使用者对平安、健康、快乐的追求。

羊形灯

羊是中国远古先民们图腾崇拜的吉祥动物，也是人类最早饲养的动物。羊自古就代表着公平、正义、善良、权力和财富。

《康熙字典》：“羊，祥也。”《辞海》：“羊，古与祥通。”《说文解字》：“羊，祥声相近；祥，善也。”羊和祥本为通假字，羊就是祥，所以，西汉大儒董仲舒认为羊被用作“吉礼”。羊又有“阳”与“和”之含义，均包含吉祥美好的寓意。此外，以羊为偏旁部首的字大多也具有吉祥的含义，比如“善”和“美”，都从羊旁。而古人在喜庆活动时头顶羊角作为装饰，则象征美好。

作为吉祥美好的象征，羊这一形象又被赋予了多重含义。首先，羊被作为孝道的象征，《春秋·繁露》：“羔饮其母，必跪，类知礼者。”古人认为小羊羔在喝母羊的奶时，一定是跪着的，这个动作是在表示小羊对于母亲的感恩之情。当然，这是古人将自己的想象附会在羊羔饮母乳这一动作上。其次，羊是善良的象征，这从羊的温和柔顺的性情和群居而处的习性联想出来的。此外，羊还具有外柔内刚的品质，这也是羊受到人们喜爱和推崇的原因之一。

由于羊被赋予了这么多美好的寓意，所以羊的形象被广泛地运用在砖刻、雕塑、刺绣等许多艺术品的创作上，同样也被运用到了古代灯具上。

已出土的秦代以后的羊形灯有七盏，羊的形态均为卧伏的姿势。河北满城陵山的西汉中山靖王刘胜墓出土的铜羊尊灯，是一只伏卧在地的羊：昂首，双角

铜羊尊灯

卷曲，揭起羊背部的盖子，就可以翻过来放在羊的头部作为灯盘。羊的腹内可以盛放灯油，在出土时羊的腹内还有残存的白色油脂。这样的灯具不用时可以是一件装饰品，用时就可以瞬间变作一盏精美的铜灯，设计工匠的巧妙心思皆藏于其间。同样造型的还有东汉的卧羊铜灯。

东汉时期，较为成熟的青瓷在今天的浙江上虞被烧制成功，所以，此后出现了比较多的青瓷制作的器具。藏于南京博物院的西晋羊形青瓷烛座，灯高 20.3 厘米，跪卧的姿势。不同的是这盏灯所使用的燃料换作了蜡烛，羊的头部正中有圆孔用来安置蜡烛。需要指出的是，那时的蜡烛与我们现在的蜡烛是不同的。在东汉时期蜂蜡已经开始被使用，蜂蜡就是黄蜡，是从工蜂的腹部分泌而出，具有熔点高、不溶于水的特点。但是由于这种蜡烛的造价较高，所以仅限于贵族官员使用，民间百姓还是以使用油灯为主。

目前出土的羊形灯具，主要来自唐代之前，除了汉代的两盏是铜质以外，其余均为瓷质。应该说，羊形灯在现存的动物形灯具中所占数量较多，可见古人对于羊的偏爱。

牛形灯

牛是古代很重要的祭品，被列在豕、羊、鸡、犬、雉、兔、鱼的前面，可以说是祭祀品之首。《礼记·曹礼下》记载："凡祭……天子以牺牛，诸侯以肥牛，大夫以索牛。"又记："凡祭宗庙之礼，牛曰一元大武。"在《易经》中，牛是坤卦的象征，分别象征着地、腹、母，表示牛具有稳重踏实、包容万物的品格以及母亲一般的慈祥温顺。

古代神话中的蚩尤和炎帝都被描写为"人身牛首"，可见牛是远古时期的一个图腾崇拜。先民们以牛骨占卜，葛天氏部族操牛尾以歌八阙，牛头、牛角也是具有某种保护作用的饰品。商周青铜器大量存在的饕餮纹，就是被抽象化了的牛头图案。

牛的形象在古人心中具有多种含义：作为财富的象征，它出现在《诗经·无羊》中；作为温顺敦厚的品格象征，它出现在东晋习凿齿的文章中，用以赞颂人物如牛一般负重致远；作为吉祥物，它出现在汉代大将霍去病的墓前；作为被羁绊于官场生活的象征，它被文人们描绘进了画中，如唐代韩滉的《五牛图》，用戴着金笼头的牛表达出自己在官场的不自由。

牛形灯具中比较典型的是东汉的错银牛形灯，现藏于南京博物院，堪称镇馆之宝。

错银牛形灯

与前面的长信宫灯一样，这可谓是一盏“环保”灯，灯身为一站立的公牛，微微低头颔首，牛角指向上方，牛眼圆睁，如同等待战斗的架势，有一种威严雄壮的气势。通体装饰错银花纹，主要为流云纹、三角云纹、螺旋纹等，繁复而华丽。牛背的中心部位有一圆孔，上面承托着圆形灯盘，灯盘中心有灯芯，侧面有便于手持的柄。牛腹部中空，内有清水，火焰燃烧后的烟尘经导烟管入水过滤，可以减少空气中的烟灰，达到保持空气清洁的作用。灯盘的上方是两片可以灵活转动的镂空瓦形灯罩，罩上连接穹顶形盖子，盖子的顶端中心又连接了弯曲的圆柱形导烟管，一直通向牛的头顶。整个灯的设计精美绝伦，同时也很好地解决了油灯燃烧时产生的浓烟所带来的环境问题。

长沙出土的西汉前期的牛形座铜灯，牛形四肢粗短，与东汉的那盏牛形灯的精美形态有所不同。两只牛角在背部呈圆管状向上竖起，有弯曲融合，在牛背

西汉前期牛形座铜灯

的正上方形成一个覆碗状的烟管。灯盘边沿有凹槽，专为固定挡风板或者遮光板而设。在灯的右侧刻有铭文，这盏灯是主管礼乐的长官为长沙王宗庙之用而监治的灯。所以这盏灯并非寻常照明之物，而是长沙王刘发或其后代所使用的宗庙用器。在灯具的制造上，宗庙用灯是非常讲究的。

这两盏灯均为釭灯，釭灯是汉代在灯具设计上很有智慧的一个发明。釭灯上有中空的导烟管，巧妙地解决了灯烛燃烧时所产生的烟灰问题。在西晋夏侯湛的《釭灯赋》中说釭灯是“取光藏烟，致巧金铜”“隐以金翳，疏以华笼。融素膏于回盘，发朱辉于绮窗”，其中的“金翳”是指调节光线、遮蔽燃烧烟雾的灯罩，“回盘”是盛灯油的灯盘。唐代段成式在《酉阳杂俎》中提及的“息烟灯”也就是釭灯，“息烟灯”这一名称恰是对其环保设计理念的概括。

汉代牛形灯另有出土于陕西省渭南市的西汉铜牛灯和出土于江苏省瞿宁县张墟公刘楼的东汉铜牛灯，同为制作于汉代的牛形灯，但牛的形状神态各异，表现了不同地域、不同时期的工匠们对于美的不同追求。

西汉犀牛铜灯

此外，汉代还有犀牛形的灯具，这盏犀牛铜灯出土于四川涪陵西汉墓，整体浑圆朴拙，背部有可以灵活开启的盖，是一个既是装饰品又可做灯具的器物。许多人大概会认为犀牛属于舶来品，事实上，中国在5000多年前就有犀牛存在，而且数量多、分布广。汉代以后由于气候和人为捕杀等原因，致使野生犀牛数量骤减，至唐代野生犀牛几近灭绝。而早在商代，犀牛角就被雕刻成精美的工艺品作为外交礼品赠送。

雁足灯和雁鱼灯

作为吉祥动物的象征之一，雁在古代灯具中也是较受欢迎的造型。其中，雁足灯尤为引人注目。雁足灯多是以雁的腿足部分作为灯柱、灯座的灯具，顶部承托一个圆形灯盘。目前已出土的雁足灯约八盏，在战国时期就有雁足灯出现，汉代出土的雁足灯最多，共有六盏。

我国传统婚聘仪式的六礼中，纳彩、纳吉、请期这几个环节都会用到雁这个动物，这一礼仪上承周礼。周代人已经有了短期饲养雁的能力，婚礼所用的雁也一定是活的大雁。其中的意思首先是说男女婚嫁就该在一定的时候进行，不可耽误，这里取的是大雁“不失其时”的习性。其次，雁为随阳之鸟，总是飞向温暖的地方，就像妻子跟随着丈夫一样。再次，大雁飞翔时遵守秩序，象征着家庭和睦有序。最后，雁象征妻子对于丈夫的忠贞。另有学者认为古代婚礼用雁是由于古人对骑射技艺和勇武品质的重视所致，“纳彩用雁”是把雁作为猎物象征男子善射，是具有社会和家庭责任感的表现。

先秦时，卿大夫接见外国官员时也以雁为礼，取其和睦之意。东汉时期的《孔子见老子》画像石中，孔子就是双手捧雁的形象，在此，雁被作为一种高贵的馈赠礼品，来表示对人的尊重之意。

从雁对于古人生活的诸多意义和用途来看，雁无疑是吉祥、忠贞、和睦的象征，因此，在灯具中融入雁的元素就很容易理解了。目前已知的战国时期的雁足灯是出土于西安北郊战国铸铜工匠墓的雁足灯座，虽然灯盘残缺，但是雁腿及足趾雕刻精细。汉代的雁足灯有方座雁足铜灯、雁足短灯、雁足长灯等，形制大体相似，因灯柱长短不同而命名，出土于江苏省扬州市邗江区的长灯高22.4厘米，而同处于此地的短灯高13.7厘米。辽代晚期的雁足灯已经发生了较大的变化，仅仅形似雁足，足为三角支钉样式，长柄灯柱上托着一个灯盘。

除雁足灯外，还有一盏灯具有着完整的雁的形象，那就是出土于山西省朔县的雁鱼形灯，整体造型是一只站立的鸿雁回首且口中衔鱼，灯高53厘米，灯的雁首、雁的身体、灯盘、灯罩几个部分可以灵活拆卸。雁颈部与身体以子母扣连接，两侧有墨线勾出的翅膀。鸿雁口中所衔的鱼有清晰的鱼鳞，鱼构成了灯罩的部分，与雁的颈部和身体

雁鱼灯

相通。鸿雁两眼圆睁，仿佛是捕捉到鱼的那一刹那。这盏灯同样也可以调节灯光强弱，且有防风的功能。

关于雁衔鱼的形象早有渊源，据考古学家雷云贵研究，在新石器时代就已经有了禽鸟衔鱼的艺术形象，而鸟抓住鱼则表示获得了胜利，“鱼”又预示着“余”的意思，表示财富的收获。汉代彩绘陶盆、墓室画像上都出现过禽鸟衔鱼的形象，其中寄托着人们希望获得胜利与财富的美好愿望。

象形灯

象在中国出现很早，距今3500年以前，在黄河中下游一带曾有大量野象存在，当时这一地区属亚热带气候。后来随着气候的变化，加之人类活动的影响，象群南迁。甲骨文中就有“象”这个字，并有“今夕其雨，获象”的记录，是说傍晚下雨时，捕获了一只象，可见当时象的数量之多。但到了宋代，我国的象已经很少见了，大多数人并不知道有象这种动物，所以也再没有出土过战国以后的象形灯具。

象与“祥”字谐音，所以被赋予吉祥之意，大象有着刚健、宽厚、稳重的品格，古人还认为象可以庇佑死者、赐福生者，所以象在古人心中具有崇高的地位。

目前可见的唯一一盏象形灯具出土自战国时代，高 11.5 厘米，长 14.5 厘米。这是一头站立的大象，鼻子高高卷起，微微鼓动着腮部，双眼圆睁，两耳下垂，体形肥硕，臀部较宽大。背部铸有一个圆形灯盘。

早在先秦，大象就被运用于战争之中，又有传说在舜和禹的时候，出现过大象耕田，鸟儿耘地的吉祥征兆，所以，这盏战国时期的象形灯所寄托的是当时人们对战争胜利、农田丰收的向往。

鹤形灯

早在 3000 多年前，中国就有了关于鹤的记录。鹤在中国文化中是优雅、吉祥、长寿的象征。相传张道陵曾经在鹤鸣山炼丹服食，后来得道成仙，又骑鹤上天。道士的别称是羽人、羽客，可见鹤与道教文化有着密切的关联。人们喜欢用鹤发童颜、鹤龄、鹤寿来比喻老者的长寿。作为高洁的象征，鹤常与松、菊、牡丹等具有美好品质的植物相配，构成传统纹饰、绘画等艺术作品上的常见图样。鹤类终生一夫一妻，忠贞不渝。清代光绪年间两淮副转运使徐星槎重修扬州平山堂，并将一对鹤放于堂前的池内饲养。主持星悟和尚非常珍爱这对仙鹤，但是不久，其中一只鹤因疾病先死，另一只鹤则“巡绕哀鸣，绝粒以殉”。星悟禅师将两只仙鹤埋葬，名曰“鹤冢”，并请湘南李郁华写下《双鹤铭并叙》，勒石以记之，赞其贞烈之心。铭曰：“生并栖中林，死同穴兮芳苓。相彼羽族兮而贞烈其心，世之不义愧斯禽。”

目前已出土的鹤形灯年代较晚，1974 年在四川简阳元代墓中出土了清代鹤形烛台，另有清代的御制掐丝珐琅仙鹤大烛台。前者为一仙鹤立于龟背之上，口衔插钎，后者是一只仙鹤立于灯座之上，鹤嘴上铸有烛插。鹤形灯多见于宫廷内，常以金属材质和精美的工艺制成，作为多种祥瑞寓意的代表，现存的鹤形灯虽然数目不多，但却堪称是动物形灯具的一个代表。

除上述的几种动物形灯具有吉祥的寓意以外，古代动物型灯中还有狮形灯、熊形灯、兔形灯、蟾蜍形灯和蛙形灯等不同造型，也各具不同的寓意。

神圣之兽

上文所述众多动物型灯具的形象都来自俗世中真实存在的动物，此外，还有一部分灯具是人们所幻想出来的动物形象，这些形象本身就具有神性的光辉，与灯具彼此辉映，绽放出夺目而令人仰视的光彩。

龙形灯

龙在中国文化中的地位自不待言，早在夏代，中国就有了龙崇拜和龙图腾，先民对于龙的图腾崇拜大概来自对蛇的畏惧。在以蛇为图腾的部族与以马、鱼、鹿、牛、虎等为图腾的部族融合以后，龙的形象就出现了。龙是至高无上的主宰，古人常将龙作为君主的象征，显示君主威仪；在器物上刻上龙的形象与纹路，增加震慑的作用；创造关于龙的神话故事，比如《柳毅传》《西游记》里的龙王等等；还在民间兴起了许多与龙相关的习俗和活动，例如舞龙灯、赛龙舟等。龙文化在中华民族的发展中一直保持着自己的影响力，成为民族的象征。

古代灯具的龙形灯存留不多，有东汉龙头柄铜灯，藏于故宫博物院的唐代青釉盘龙瓷灯，高 21 厘米，由底座、灯柱、灯盘组成，底座处有一个敞口圆盘，灯柱上方又有一圆形灯盘，两个圆盘之间塑有一条蟠龙，有趾爪和尾巴。藏于故宫博物院的银雕龙式烛台，底座有云纹雕饰，上有一昂首银龙，两个趾爪上托着两个钵形盘，可插置蜡烛。

除却龙形古灯实物之外，值得一提的是民间与龙文化完美结合的龙灯。民间舞龙灯的源头可以追溯到汉代百戏的“鱼龙漫衍”，“鱼龙漫衍”曾是汉代皇帝接待外国使节时表演的一个节目,《汉书·西域传赞》中记录了汉武帝在元封三年(公元前108年)的春天和元封六年(公元前105年)夏天，在京都长安平乐观举行大型演出来招待外国使节和少数民族首领。演出中就有“鱼龙漫衍”。事实上,“鱼龙漫衍”是“漫衍”和“鱼龙”两个节目，张衡《西京赋》云:“巨兽百寻，是为‘蔓延’者也。鱼龙者，为含利之兽，先戏于庭极毕,乃入殿前漱水化成比目鱼,跳跃漱水,作雾障目，化成黄龙八丈出水，敖戏于庭，炫耀日光。”很显然，“漫衍”是假扮的许多巨兽依次入场表演，而“鱼龙”则演的是一种叫作“含利”的兽变作大鱼，又变作龙的一种表演。

凤形灯

凤的形象与龙几乎具有同等的地位，与龙一样，凤凰并不存在，所以凤崇拜也是在对多种鸟的图腾崇拜的基础之上才形成的。

关于凤的记载出现很早，《左传》记昭公十七年，郯子说他的祖先少昊氏在初被立为君主时，有凤鸟恰恰在那个时候飞来。也就是说在少昊时代已经有了对于凤的图腾崇拜。《山海经·南山经》云:“有鸟焉，其状如鸡(一作如鹤)，五采而文，名曰凤皇。”“饮食自然，自歌自舞，见出天下安宁。”人们把雄的称为凤，雌的称为皇，皇又写作凰。古人将凤凰的出现作为天下太平安乐的祥瑞之兆，据说尧在位70年，因政治清明，引得凤凰止于庭中。舜时“箫韶九成，凤皇来仪”。可见，圣君既出，方降凤凰。人们又以凤凰作为高洁品格的代表，称其凡停留必择良木，非梧桐不栖。春秋战国时期，孔子则以凤自居，感叹不见盛世。

凤凰受到古人如此的推崇，必然被融入器物制造之中。古灯中有一盏极具观赏价值的西汉晚期凤灯，这是一盏铜质釭灯，整座灯高33厘米，凤凰引颈回首，长尾垂地，与双爪形成了三角形结构，使得整座灯更具有稳定性。

西汉凤灯

汉代的凤凰九枝灯，灯柱中心是一只展翅的凤凰，被四只禽鸟围绕着，寓意着百鸟朝凤。此灯共有九个灯盏，除了四只禽鸟所托灯盏外，凤凰背部的鸟儿也托起五盏灯盘，这样的凤形灯亮起时必然华美异常。

湖南长沙窑还出土了唐代的酱釉凤凰来仪烛台，这盏灯既是烛台，也是瓷器中的艺术品。凤凰背部托起烛插，头部高昂，与展开的尾部处在同一个水平线上。灯名凤凰来仪的意思是凤凰来起舞，仪态优美，这是天下吉祥的征兆。

龙是阳刚的代表，凤则是阴柔的代表，龙凤文化体现了古人刚柔相济的思想。当古人将那盏西汉凤灯点燃时，一定曾产生过神鸟带着绚丽光芒，从天而降的遐想。

朱雀灯

朱雀是古代传说中的神鸟，为四灵之一，《三辅黄图·未央宫》："青龙、白虎、朱雀、玄武，天之四灵，以正四方，王者制宫阙殿阁取法焉。"四灵是古代皇帝建造宫阙时的东西南北的方位标志，朱雀是代表南方的神鸟。

在《楚辞》及汉代墓葬中，朱雀是富有灵性的鸟儿。在先秦两汉的时代，朱雀与凤凰是两种神鸟，一个表示方位，一个预示太平。但当这两种形象进入道教之后，便逐渐被混淆，都成为表示南方的神鸟，这在宋代以后的文献中可以看到。

西汉朱雀铜灯

西汉朱雀铜灯展现了一只振翅欲飞的神鸟，脚踏盘龙，头部高高昂起，似乎一经点亮便会飞升入云一般。翅膀上印刻的羽毛纹路纤细精美，口中所衔灯盘嵌着环形凹槽，分为三格，每格都有一个烛钎。此外，还有从河南陕县刘家渠汉墓出土的朱雀九枝灯，以及朱雀塑贴釉陶灯，后者的灯柱壁上还围绕着一组乐舞人物，似乎在营造一个个灵魂所飞向的极乐世界。

摩羯灯

摩羯的形象是一种舶来品，受到了印度教，以及后来成为佛教中的经典动物摩羯鱼的影响。这里所说的摩羯与西方流传而来的摩羯星座并无关系。摩羯灯中有五代耀州瓷摩羯灯，器形较大，有26.5厘米长，整体看来如同跃出水面的鱼，张着嘴巴，振动着翅膀，高卷着尾部。来自辽代的摩羯灯有两盏，一是在辽宁北票水泉一号辽墓发现的青瓷摩羯灯；另一盏是已经流失到海外，现藏于日本大阪市立美术馆的白瓷摩羯灯。发现之初，青瓷摩羯灯被认为是鱼龙形水滴或水盂，学者孙机认为从其形制来看，可以判断为灯盏，

五代耀州瓷摩羯灯

而且，其形制也并非鱼龙，而是印度神话中的摩羯鱼，经佛教的传播，由印度和中亚流入中国。摩羯鱼为兽头鱼身，在唐代，其头部逐渐演变为龙的形状，也加上了翅膀，变成了“飞鱼”。辽代的摩羯灯头部并不明显，有层叠的双翅和整齐排列的鱼鳞纹路。这几盏摩羯灯受到了西亚和地中海区域“盏唇搭炷式”点灯方式的影响，也有一部分经历了一定的中国化的改造。摩羯鱼在佛教中是菩萨的象征，对于众生心怀慈悲。同时，摩羯鱼还是拯救海中遇难船只的水神，摩羯灯的造型就很像一艘船。从摩羯灯可以看到佛教在传入中国后对于中国文化的影响。

辟邪灯

神兽形灯具中还有一盏出土于河南洛阳的魏时期的瓷三辟邪烛台，三只神兽辟邪背对背组成三角形，皆抬头腆肚，张着嘴露出牙齿，略显狰狞，颔下有须，头上的鬃毛直披到腿部，灯的中心部的中空圆柱是插蜡烛用的。大多数人对于辟邪并不熟知，常将它与麒麟、狮子、四不像等混同为一物。辟是除的意思，辟邪即除灾之意，西汉儿童启蒙读物《急就篇》中最早出现了辟邪的名字。在汉代，辟邪被雕成镇墓的石兽，为墓主人守卫陵寝。到了魏晋时期，战乱频发，为防

西晋青釉辟邪烛灯

止盗墓，当时的上层社会流行薄葬之风，所以这段时期帝王诸侯陵墓前的雕像石刻极少。但是，这盏辟邪灯却被作为另一种形式的镇墓之物藏于墓中，继续发挥着它的神勇之力。

多枝的华彩

在所有古代灯具中有一种灯会让人一见就联想到“火树银花”这个词语，那便是多枝灯。多枝灯的出现寄托着古人对于神树的膜拜和信仰，也是最大限度地给人们的生活带来光亮的照明工具，同时还是古人生活中的一种奢华品。

多枝灯是指有多个枝节的灯具，每一枝节上承托一盏灯盘，是所有不同形状的灯具中结构最复杂的一种。多枝灯上往往错落着多盏灯盘，当它们被点燃时，会呈现出异常辉煌的光芒。多数的多枝形灯具像是树干上逐渐上刀排列的枝条，而下面有灯座，如同树根，所以有的学者将多枝灯称为植物形灯或是树形灯。事实上，多枝灯也有一些不是植物形状。

从灯具产生的初期，高大的多枝灯就已经出现，如前述的多枝灯精品——战国时期的十五连枝灯。到了汉代，特别是东汉时期，多枝灯也迎来了一个迅速发展的时期。目前出土的汉代多枝灯数目最多，虽然大多数属于明器，但也是对人们日常生活中灯具的一种模仿，或者完全照搬日常灯具的样式，这一点要从汉代人的生死观以及陪葬制度来看。汉代人有“事死如事生”的观念，在丧葬上认为厚葬是评判孝道的一个标准，所以厚葬之风在汉代兴起，所谓“以厚葬为德，薄终为鄙”[5]，而一些豪贵之家在家人生时并不孝敬，却在其死后大兴厚葬之风，“或至刻金镂玉，……良田造茔，黄壤致藏，多埋珍宝，偶人宝马，造起大冢广种松柏，庐舍祠堂，崇饬上僭。”[6]

西汉前期和中期，陪葬的陶质物品为死者生前所用器物，而西汉中期以后，特别是东汉以后，陪葬的物品则是专为陪葬而制造的陶质明器，其中主要是粮仓、灶台、井、楼阁等日用物品和居所模型，以及猪、狗、鸡等家畜家禽的模型。基于这样的社会风尚，多枝灯的华美恰恰迎合了当时追求奢侈的厚葬之风，所以大量的多枝灯便从汉代的墓葬中出土了。

在《西京杂记》中有一段关于多枝灯的精彩片段："高祖初入咸阳宫，周行库府，金玉珍宝，不可称言。其尤惊异者，有青玉五枝灯，高七尺五寸，作蟠螭，以口衔灯。灯燃，鳞甲皆动，焕炳若列星而盈室焉。"刘邦胜利入关，进入到富丽堂皇的咸阳宫殿时，文中不去描述奇珍异宝，唯独聚焦到一盏多枝灯上，这是一盏宫廷中使用的青铜灯，以美玉装饰。当人跪坐时，灯的高度大致与人的视线平齐。灯的分支用蟠龙装饰，龙嘴上衔托着灯盘，仿佛有火焰从龙的口中喷出。灯被点燃时，龙身上的鳞片会由于热空气的流动而微微颤动，就像是这条龙活了一样！多枝灯的光芒如星辰般闪耀，照得整个大殿充满了光明。这一段富于文采的描述向我们展示了多枝灯的魅力。另有《汉武帝内传》云："西王母遣使谓帝曰，七月七日，我当暂来，帝至日扫除宫内，燃九光之灯。"这一段显然是对汉武帝晚年追求长生之术的描述，而其中的九光之灯就是有九盏灯盘的多枝灯。

多枝灯经历了汉代的辉煌以后，它的华彩时光渐渐消散，隋唐之后出土的多枝灯的数量已大大减少。

多枝灯包含着古人对于树的崇拜，他们认为树象征着生命力，树的高大向上使得古人认为树能够联通人神。“受万物有灵思想的影响，加之树木具有旺盛、顽强的生命力的特征，古人以为树木有着神秘力量，它可以主宰人间祸福，并能惩恶扬善，驱邪辟鬼，满足人们的需要”[7]。战国时期，树出现在许多艺术作品上，湖北随县曾侯乙墓出土的一个漆储藏箱，表面饰有的云纹和四株树、大鸟和一个射手，树出现在这里的寓意便是保护墓主人的灵魂能够飞升上天。

此外，俄罗斯学者叶·莫·梅列金斯基关于树的通神性质也有一段非常重要的言论，“另有一种传布广泛的整体宇宙模式，可与类人形象相似或与之相混同。这便是‘植物’模式，形为参天的宇宙之树，……宇宙树则构成生于原初类人灵体的世界。……宇宙树与萨满的关联异常紧密，而且无比繁复。首先是仰赖宇宙树，萨满始可沟通人与神、地与天，履行其中介者、媒介者的职能。同宇宙之树（丰岑树、橡树、落叶松等）相联属者，通常尚有种种拟禽兽灵体，而它们又成为宇宙垂直向标志的诸级次：顶端为鸟类”[8]。

而汉代连枝灯的顶端一般都有凤鸟造型，尤其是作为明器的陶质灯具。

神话中树木的名称有“若木”“建木”“扶木”“扶桑”“檠木”“寻木”等，关于神树的最著名的传说来自《山海经·大荒东经》：“大荒之中，有山名曰孽摇頵羝，上有扶木，柱三百里，其叶如芥。有谷曰温源谷。汤谷上有扶木，一日方至，一日方出，皆载于乌。”扶木即扶桑树，乌则是太阳的象征。《海外东经》：“下有汤谷，汤谷上有扶桑，十日所浴，在黑齿北，居水中，有大木，九日居下枝，一日居上枝。”其中所描写的神木与太阳、神灵同列，可以使人通于神灵。汉代多枝形灯有的类似于扶桑树的形状，例如广西贵县罗泊湾一号墓出土的西汉早期九枝铜灯，高85厘米，整体为扶桑树形，灯的主干分为三层灯枝，每层有三根“枝条”，每枝顶端承托

西汉早期九枝铜灯

这一片桑叶形的灯盏，灯的顶端则是一个鸟形的灯盏，这样华美的灯盏出土于南越国最高等级的官吏之墓。一方面，这一灯具的形制恰与叶·莫·梅列金斯基所说的关于树的神性崇拜，即顶端为神鸟的样式相吻合，而顶层立鸟的形式也是多枝灯鼎盛时期的顶端装饰风格之一；另一方面，需要注意其中桑树形状的出现。在中国文化中，桑树具有丰富的文化内涵。早在商代，人们便以桑树为主木，他们居住于桑林，以桑葚为粮，是所谓的“仰葚维生”，商代人还以桑葚为原料发明了中国最早的饮料酒——葚酒。《史记》中还记载了黄帝娶西陵氏之女嫘祖为妻，这位女性始祖是一位伟大的发明家，她在16岁时就发明了桑蚕丝绸。因此，桑树对于中国人有着非同一般的意义，而汉代人将桑树植入到灯具的设计上来，充分体现了他们对于桑树价值的认可和传承。

古人在祭祀时，也会依据祭祀内容的不同而选择代表不同方位和含义的树木，《周官》云：“司社而树之，各以土地所生。”对于树的崇拜也被融入古人的丧葬文化当中，例如在墓前依据死者身份地位的不同而种植不同的树木。

战国的树崇拜用以祭祀、通天，到东汉以后则是帮助人们飞升上天，并守护死者的亡灵，人们赋予树的诸多情感和寓意使得古代工匠们拿起手中的青铜、陶土、木头等等一些材料，把它们制作成高大辉煌的多枝灯具。借由这些多枝灯，我们才得以了解那些时代人们曾有过的思想感情的轨迹。

汉代的多枝灯一般高 1 米左右，最低的不少于 40 厘米，灯盘错落有致，当灯盏由低到高被次第点燃时，就像是在进行一个仪式。连枝灯的高度与当时人们的起居习惯有关，六朝以前所使用的家具较为低矮，人们一直习惯于跪坐。坐下时，多枝灯的高度恰好适应了人的视线高度，这也是两汉多枝灯盛行的一个原因。而多枝灯的华丽也迎合了汉武帝以后追求宏阔气度的审美风范，故而在汉代多枝灯被大量制造出来。

树形灯中依据其形制不同，又可分三类，第一类是简单的树的枝干形状，1954 年河南洛阳烧沟汉墓出土的铁十二枝灯，来自东汉时期，这盏灯的灯柱顶端站立着一只“鸟儿”，做举翼欲飞状；第二类在主干和“枝叶”上装饰有贴塑的灯具，这类灯具的分枝上装饰着许多叶状的贴塑，有的底座为镂空或有叶状装饰，如 1959 年出土于河北平谷县的陶九枝灯，在每一枝上都装饰有一片“树叶”，使灯的造型更接近树的外形；第三类是在每一个灯枝末端有兽首形装饰的灯具，如江苏徐州十里铺出土的兽首多枝灯；第四类是与东汉摇钱树的形状很接近的摇钱树形灯具，灯具的分枝上装饰了许多铜钱状的纹饰，如甘肃武威雷台出土的铜十二枝、十三枝灯，分别高 146 厘米和 112 厘米，每一段枝干下有连枝，装饰有镂空的片饰，灯柱有三段，每段衔接处插入了十字形架，架头则有鸾凤缠绕枝叶状的装饰，叶片顶端便承托着灯盘。这样摇钱树形的灯具所结合的是同为东汉时期陪葬品的摇钱树的形制，摇钱树则是源于三星堆神树，汉代人相信这样悬挂着铜钱的树形陪葬品可以使死者在另一个世界获得取之不尽用之不竭的财富。而道士们则认为摇钱树是可以通天的器物。摇钱树的财富追求、通天之功，以及灯对于死后世界的照亮，这三者结合在一起，就形成

甘肃武威雷台出土的铜十三枝灯

了作为陪葬明器的摇钱树形灯具。

层盘多枝灯具是在灯柱这一主干上依次从下向上排列着几个大的盘状结构，每个层盘边沿又会伸展出多个灯枝，灯枝的末端便是若干灯盘，形如河南济源市桐花沟出土的陶十五枝灯，在灯座以及舒展的多枝上堆塑着多个走兽和鸟类，顶端一只展翅的朱雀构成了一个灯盘。复杂的灯盏结构让不同的动物在一个空间里出现，几乎在呈现一个小的自然生态世界。

多枝灯是所有古代灯具中结构最复杂、形制最华丽的灯具，是在树神崇拜的基础上融合了人们对于财富、飞升等的渴望。在造型上还集中了人形、动物形、植物形等多种元素，可以说多枝灯是一种集古代灯具造型之大成的灯具。

三、金吾不禁夜——上元灯节

古代的夜禁

谈到夜生活，我们眼前所闪现的是华灯初上的流光溢彩，年轻人也许会想到夜晚酒吧里震人鼓膜的摇滚乐曲，年长者也许想到的是长街上灯下的漫步徜徉。当我们自由地行走在城市的每一条街道上时，我们大概不会想到我们的祖先们曾经怎样度过他们的夜晚？那些古代图画与文字中所记录的夜宴欢饮、长夜歌舞，其实只是少数人的夜生活，大多数人夜生活的真相是行动上的不自由，就连点灯也要受到时间的限制，这些在当时的法律条例中被明文规定出来。在中国古代相当长的历史时期，人们的夜生活受到了很多的限制。

除非是极为特殊的理由，一年当中大部分的时间在夜间是绝对不允许通宵自由行动的，如有违反，轻则杖责，重则打死。

生活在现代社会的人们已经很难理解这种夜禁制

度，连百姓的日常作息时间都要来进行管理，这皇帝管得也未免太宽了！古代的夜禁制度一方面是为了防盗等治安原因；另一方面则是由于古代的建筑多为木质结构，为防止失火而累及多家乃至全城，所以在历朝历代都有过夜间禁灯的规定。

早在西周初期就对夜禁有了明确的规定，《周礼》一书告诉我们在那个时代有专门负责报时的官员，叫作司寤，他会根据星辰变化来判断时间，告诉夜间活动的人们什么时候要停止出来走动，什么时候可以放行。当时上自天子、诸侯、公卿、士，下至百姓庶人，每一天的早、中、晚各做什么事情都早有定制。在帝王的安排下，所有人所有时段的活动都被具体规定了。一般的百姓在夜间就该安居休息，这当然也与当时照明设备的缺乏有关，灯的燃料花费无疑也阻碍着人们的夜间生活。

春秋时代，人们的蜡祭仪式会在夜间举行，孔夫子认为这是一张一弛，是可以原谅的一种夜间娱乐活动。

到了汉代，长安、洛阳等大城市都实行宵禁。但是宵禁对于帝王以及少数权贵而言，却是形同虚设。汉武帝在年轻的时候曾在夜晚与属下相约在宫门口外出打猎，称“期门”。后代的汉成帝见祖上武帝尚且如此，就以遵祖上之事为由，夜晚跑出宫去，到平民家中纵酒夜饮，穿着随意，起坐毫不顾忌帝王之尊，遭到了臣子们的严厉进谏。

唐代则将夜禁直接写进了国家法典《唐律疏议》里，规定在夜里不可在城内随意走动，击罢闭门鼓之后，除了有紧急公事或者家有急症患者等紧急事件外，夜里随意走动就是违反了夜禁制度，要被杖责二十。曾有内廷中使郭里旻就因喝醉酒犯了夜禁，被活活打死。而负责夜禁的金吾薛伾、巡使韦纁也因失职遭到了贬谪。晚唐著名诗人温庭筠曾因为醉酒犯夜禁而被处罚，虽然没有像那个郭里旻一样被打死，可是也被打得破了相，掉了牙。由此可见，唐代夜禁制度何其严厉！

到了宋代，宋太祖赵匡胤虽然下令将夜禁取消，但是夜间巡查还是非常严格的，负责巡查的官吏所管辖的范围内如发生盗窃案件，则会被打三十到五十大板以示惩戒。若有人私自闯入他人家宅，主人有权对闯入者格杀勿论，且不必负任何刑事责任。

元明两代对于夜禁的规定依然严厉，“一更三点禁人行，五更三点放人行”，也就是说晚上八点十二分以后就不能在城里随意行走，凌晨四点十二分以后才可放行。而明代的集镇乡村都有专门人员负责值夜，入夜后不得随意行走。甲长管辖范围内的人家，如果有外出的要备案，陌生人不能随便留宿。到了清代的顺治初年，曾规定除家中有丧事、孕妇生产、急症病人、祭祀、嫁娶以外，皆不得夜行。

与长久的夜禁制度相比，上元灯节举国张灯、狂欢达旦的自由对于民众而言就显得尤为珍贵。有人曾经用“中国的狂欢节”来形容上元灯节，当然，作为全民性质的盛大节日，上元灯节经过长久的文化积淀而形成，其狂欢的盛况反映的是中国古代人民精神生活的一种需求，而夜禁制度的长久限制应该也是民众在上元灯节“狂欢”的重要理由之一。

灯节肇始

上元为一年中第一个月圆之夜，古人称正月为“宵”，所以名为元宵。

关于上元灯节的来历有多种说法，早在战国时期，屈原的《九歌》中有一首《东皇太一》，写的是民间祭祀太一神的情形。太一是传说中的天帝，当时祭祀太一神的时间还不是在上元日这天，也没有形成燃灯的习俗。

到了汉代武帝时期，祭祀太一神的仪式愈加隆重，其间又增加了燃灯的内容，《史记·乐书》中记载汉代在正月上元时祭祀太一神，祭祀活动从夜幕降临一直持续到第二日天明，彻夜的祭祀活动，火烛不灭。唐代徐坚的《初学记》以及欧阳询的《艺文类聚》均认为后人观灯的风俗是由汉代上元祭祀燃灯而起。

又有一说认为灯节源于陈平和周勃戡平吕氏的叛乱后，迎立刘恒为帝，迎立之日恰是正月十五，为表庆贺，所以后来把这一天作为纪念的节日。

还有人认为灯节源于佛教。东汉时佛教的传入中国，由于印度佛教正月十五举行燃灯大会以纪念佛祖，加之汉明帝有感于摄摩腾和竺法兰的弘法，所以他将正月十五定为燃灯之日，以示佛法光明，令百姓可在这一天通宵燃灯，不受宵禁制度的限制，继而便形成了观灯传统。

以上三种说法皆与汉代帝王有关，除此之外，还有源于道教之说。据《岁时杂记》记载，道教将一年中的正月十五称为上元节，七月十五为中元节，十月十五为下元节，合称为“三元”。而汉代末年的五斗米教崇奉天官、地官、水官，认为天官可以赐福，地官可以赦罪，水官可以解除困厄，又以三元配三官，上元天官正月十五下人间，中元地官七月十五下人间，下元水官十月十五下人间。后来，三官降临的日子演化为三官的生日，道教要在此时举行祝诞祭祀，其中便包含了燃灯活动。所以上元节作为上元天官赐福之日，燃灯之俗由此流传。

无论灯节来自上述何种缘由，上元燃灯之俗应当是源于汉代，自汉以后，上元张灯的风俗逐渐形成，正月十五的夜晚张灯、赏灯成为历朝历代一大盛事，百姓的夜间娱乐生活由此多了一点点色彩。

魏晋南北朝时期是上元灯节的形成期，南朝时期，梁简文帝的《列灯赋》记载了宫廷里元宵张灯的盛况："南油俱满，西漆争燃。苏征安息，蜡出龙川。斜晖交映，倒影澄鲜。"在北朝，正月十五，全社会会举行大型夜间娱乐活动。北朝鲜卑族还有特殊的风俗——"相偷"，也就是相互随便偷窃的意思。北朝的正月十五这一节日在娱乐内容上与并无观灯之俗，而其"相偷"风俗主要是为上元节注入了更多的娱乐元素，这一风俗也延续到了隋朝时期。

在《隋书·音乐志》中才有了官方对于上元灯节的明确规定，当时的百姓们倾城而出，头戴兽形面具，并有傩戏表演，锣鼓喧天，灯火满街，男女混杂而处，宫廷与民间皆以观灯为乐。这样盛大的狂欢使得隋代大臣柳彧在看到京城以及外州的灯节后，不禁担忧起这种节日的靡费财力与有伤风化，遂向隋文帝上表，奏请禁绝。于是文帝嘉赏其为国君分忧，获准废除元宵节庆。

当然，没过多久，昏庸又爱享乐的隋炀帝即位了，正月十五放灯之俗又再度兴起。公元 606 年正月十五这一晚的洛阳，隋炀帝下令从端门到建国门搭建起八里长的灯棚和戏台，老百姓们只管通宵娱乐，各国使节也可以参加到观灯的队伍中来。据《资治通鉴·隋纪》载，当时的端门有巨大的戏场，单是拿着乐器演奏的就有一万八千余人。其声响彻数十里，从夜晚到天明，灯烛不歇，一直持续到正月结束，花费的钱财数以万计。

历代的元宵节

汉代的灯节仅为一天。从唐代开始，灯节作为国家的法定假日，节日的时间得以延长。唐代的灯节称为“灯影之会”，从此，元宵灯节就有了“灯会”或“元宵灯会”的称谓。唐代官方规定元宵灯节可尽情欢乐三日，城门、坊门均畅行无阻，平日专门负责宵禁的金吾也放假三天，可谓是官民同庆，场面异常热闹，其时整座城市上上下下轻松快乐的情绪是可以想象的。唐代韦述的城市文献《两京新纪》记载：“正月十五日五午夜敕金吾池禁，前后各一日以观灯。”上元夜的长安，皇宫里放灯、观灯，民间的市井百姓则赏灯、游戏，真正是“金吾不禁夜，玉漏莫相催”。

宋代的灯节假日继续延长，记录宋代典章制度的书籍《燕翼诒谋录》中载，宋太祖赵匡胤将元宵节在原来的正月十四、十五、十六三夜的基础上，又增加了十七、十八日两夜，便有五夜的狂欢。而到南宋时又增加了十三日夜为预放元宵，李清照在南渡以后作的《临江仙》中便有“试灯无意思，踏雪没心情”这样的句子，其中的“试灯”就是元宵灯节前的彩排活动。宋人宋敏求在《春明退朝录》

唐代灯节

中记载：“上元观灯……本朝太宗时，三元不禁夜，上元御乾元门，中元、下元御东华门，……游观之盛，冠于前代。”所以，宋代张灯不仅是在上元佳节，七月十五和十月十五同样有灯节之俗。同时，帝王何时在哪个城门观灯也有规矩可依。

元代是灯节的断裂时代，极度的民族压迫与随之而起的反抗情绪，使得少数民族统治者对汉民族严加防范，所有聚众集会都被视为有谋反的嫌疑，就连平时点灯都有所限制，所以像上元夜张灯弛禁，倾城而动、彻夜欢愉的大型民间活动更是被禁绝。

当汉人在明代重回到统治的地位时，那些宋代的风俗也随之回归。明代《帝京景物略》载，“上元五夜灯之始，北宋也。上元六夜灯之始，南宋也。而上元十日灯，则始于我朝”。可见，明代的元宵佳节延长到了十天。其时，民间赏灯是从都城的东华门起形成二里长的灯市，以正月初八作为狂欢的开始，正月十五为高潮，直到正月十七以后方才落幕。

清代从正月十三日上灯，至十七或十八日落灯。《官场现形记》二十一回：“俗例十三上灯，十八落灯，官场上一到二十又要开印。”也就是说朝廷官员的灯节假可以放到正月十九日。

从汉代上元张灯之俗兴起，历经魏晋的形成期，灯节在唐以后达到了逐渐兴盛时期。灯节的持续时间也由短到长，从汉代的一日，到唐代的三日，北宋的五日，南宋的六日，直到明代达到了最长的十日。足见从宫廷到民间，从官员到百姓，对于灯节这样冲破传统桎梏的节日有着太多的诉求。情同此心，心同此理，灯节能够贯穿于历朝历代不同政治的环境中，能在儒、释、道此消彼长的思潮碰撞中一直热闹地存在着，就充分表明了这是一个反映社会各阶层的内心需求的节日，故而得以长久。

灯节盛况

如果说节日是反映一个国家和民族精神的舞台，那么元宵佳节就是一座被装点得最美的舞台，更是观众参与度最高的一场盛会。

花市灯如昼——历代灯节的流光溢彩

元宵佳节如果缺少了灯的光亮，那就失去了存在的意义。在这个节日，不仅有民间百姓的张灯、展灯，更有官方参与活动。在宋代的都城里，每一年的灯节事实上从年前的冬至前后，便已经开始在都城最繁华的街巷间售卖和布展花灯。可以想见，在京城汴梁的天空下，那许多色彩艳丽、形态生动的花灯会给人们黯淡的生活带来多少俗世的欢愉啊！

从汉代起，元宵节所点亮的灯具就不断地更新着。最为精美的花灯自然要从唐代算起，而自唐之后，中国灯系就一分为二，一为日常实用照明之用的灯，二为灯节装饰娱乐之用的各色彩灯。从具体造型而言，大型的花灯灯组从唐代开始大量出现，有灯轮、灯树、灯楼、灯山。就灯的品类而言，唐以后的灯则有花卉灯、车舆灯、屏风灯、鬼子母灯、佛塔灯、福字灯、鱼瓶灯、葫芦灯、寿字灯等等。所用材料则有石、琉璃、兽角、翎羽、皮革、丝绸、犀珀、玳瑁等等。品类之多，用材之富，不胜枚举。从这些大型组灯可以窥见古代元宵灯节花灯的繁华盛况，以及那些能工巧匠的高超工艺，更可见古人对于灯节的热衷程度。

灯轮于唐代较为流行，在景云二年，也就是公元711年的正月十五这天，长安安福门（位于唐代皇城西北方向）楼门外的灯轮高达60余米，锦绣装点，金玉镶嵌，上有五万盏灯被点亮，如光芒四射的大树。灯轮下有一千多名宫女歌舞，持续欢唱三天三夜，这样欢庆的热闹场面即使在今天也是不多见的。

灯树也叫“火树”，因分层设置，每层皆有许多分枝向外辐射，每一分枝上点有灯烛，其状如大树，故而得名。《开元天宝遗事》中记载：玄宗朝备受帝王荣宠的杨氏一门中的韩国夫人曾置一百枝的灯树，高达 27 米，矗立于高山之上。在上元节的夜晚点燃，百里以内都能看到灯树的光彩，连月亮的光芒也为之黯淡。

唐代的灯楼是用竹竿和彩绸搭建起来的。有的扎成十二座灯楼，高度足有 50 米，上面扎着各种兽形灯，有龙凤、虎豹等，耀武扬威于高高的灯树上。

南宋《乾淳岁时记》中记载了当时的大型灯楼，那是一组呈现两座都城景观的灯楼，上面汇聚了北宋汴梁和南宋杭州两京中最具代表性的景物，更将都城街市中的歌舞杂艺一概以灯的形式生动地呈现出来，这是否可以看作是《清明上河图》的繁华都市盛景在那个“灯版”时代的立体化呈现呢?

灯山在唐代已经出现，而宋代的灯山中大型机械灯组又较唐代有所增加。《东京梦华录》记录了在开封灯节中大型灯山的机械化运转。在灯山的左右两侧，各有文殊、普贤菩萨骑着狮子、白象的造型，其手指之处有五道水流流出，似是手的摇动在指挥这水流，实际上是用辘轳将水引到灯山的最高处，以大木柜储水，机关运转，水飞流而下，如瀑布一般。皇宫中也搭起高约 17 米的琉璃灯山，上面有人物造型，甚至还能用机关来操纵这些人偶舞蹈。

宋代灯山中的鳌山灯最为著名，鳌山原为神话中的五座海上仙山，可随波上下漂浮。天帝为了使之稳定下来，就派出十五只巨鳌用头顶住这五座山，从此这五座山才稳定地立于海中。鳌山灯取的就是这个神话中的形象，在宋代的大都市里，每逢灯节，便有以巨鳌承载高大山体造型的灯组，山上又有神仙、佛祖等形象，还有山石树木以及各样灯盏予以点缀，灯山前常有歌舞表演。鳌山灯借神话中巨鳌使神山稳固来寓意国家社稷的“长治久安”，又因其造型巨大往往成为灯节之最，故而鳌山灯受到了帝王及大臣们的青睐，观赏鳌山灯也就成为他们在上元节的一个保留项目。当然，大型的鳌山灯往往价值千金，只有皇家才有实力完成其制作，一般民间只能做出小型的鳌山灯。

此外，宋代还有琉璃灯组成的灯山，琉璃灯也叫无骨灯，因为没有竹制骨架，全由琉璃制成而得名，这种灯因为特殊的材质，所以晶莹剔透，光彩非凡。

除了以上的大型灯组以外，还有一种利用热气流使得灯盏转动的花灯值得一提，那就是“走马灯”，又名影灯、转气灯、马骑灯。走马灯的前身是汉代的青玉灯，据唐代段成式的《酉阳杂俎》记载，汉高祖刘邦进入关中，入咸阳宫时就看到了奇异的青玉灯，这盏灯上盘着蟠螭，其口中衔着灯盘。灯点燃时热气流从蟠螭中空的身体冲向鳞甲使之动起来，晃动的鳞片映着灯光，如同星辰般闪亮。真正的走马灯出现于唐代，其构造是在灯的中心立一个轮轴，轴上有叶片，交叉有铁丝，用来糊剪纸，剪纸的造型常常是武将骑马的图画。当灯烛点燃，热气流使得叶片转动，就带动了剪纸随之转动。剪纸转动着的影子投射在灯壁上，如同一个个武将在骑马追逐，所以就得了一个“走马灯”的名字。南宋时，走马灯已非常盛行，街市上都有售卖。不少诗人都曾咏过这种奇妙的花灯，如南宋姜夔的“纷纷铁马小回旋，幻出曹公大战年”，以及辛弃疾词中的“玉壶光转”，等等。

古代灯节的灯品中，以产地而论，著名的有苏灯、闽灯、浙灯、京灯。同时，民间也产生了一代代制作、绘制彩灯的艺人，到今天被记录下来的艺人名字以明清两代最多，如明代的赵萼、赵虎、顾后山、王玄，清代的沈羽宸、徐志祥等人。

到了近现代，花灯的制作也越来越呈现出不同地域的特色，形成了北京宫灯、佛山灯色、硖石灯彩、温州珠灯、洛阳宫灯、泉州料丝灯等几个花灯产地。洛阳曾有一位朱学愈老人，他以当地宫灯行业内口头传播的宫灯制作心得为基础，整理成了一首洛阳宫灯品种歌：

洛阳的宫灯好名声久扬，
颜色鲜式样美灯字最良。
论高低它有那大小短长，
论形式分四类各式各样。
纱灯类圆门灯古传老样，
清化样圆手灯纱分单双。
方灯类扁罗汉提墨罗汉，
粗方灯大白绢画写双面。
多角类龙头灯六龙扇面，
细桌灯木盒灯八角六面。
红小灯辘辘串红白蓝黄，
精四方虻牛蛋纸灯花样。

这首宫灯歌包含着当代民间艺人对于宫灯制作所倾注的情感，也是我国世代传承下来的灯节文化的一个侧影。而五色的花灯不仅是古人节庆生活的一个写照，更是现代人承继传统文化情怀的一个载体。

在流光溢彩的上元灯节中，伴随着的是古人的社交活动。民俗学家也将元宵灯节定义为“社交、游乐节日”。不同阶层的人们在这一天都得到了一个释放的机会，不仅日夜之间的禁限被打破，而且可以冲破礼法的约束，所以才会上演“去年元夜时，花市灯如昼。月上柳梢头，人约黄昏后”那样美妙的相约。

君民同乐的灯节

上元佳节里，皇室往往成为灯节最大的活动举办方。

唐代历朝的皇帝们都会在元宵之夜登楼观灯，而且有时也会悄悄跑到宫外的街上去赏灯。中宗李显就曾带着皇后微服出行，来到臣子的宅第观灯。同时他们还鼓励皇亲国戚、文武百官们去观灯。从宫廷到富豪显宦的宅邸，都有耗费巨资所搭建的灯棚彩楼。而来朝的异国使节们也会在贡品中送上一些奇异的灯品，以迎合帝王对于灯节的热衷。张说的《十五日夜御前口号踏歌词》则描述了兴庆宫前观灯起舞的盛况，其中也出现了西域的灯轮：

花萼楼前雨露新，长安城里太平人。
龙衔火树千重艳，鸡踏莲花万岁春。
帝宫三五戏春台，行雨流风莫妒来。
西域灯轮千影合，东华金阙万重开。

唐玄宗这位开创大唐极盛时代的君王对于灯品的种类与精致程度尤为重视，常令禁中至殿前处处张灯，所设灯彩更有“白露转花”“黄龙吐水”等可以用机械控制的动态灯组。玄宗还亲作五律《御制勤政楼下观灯》：

明月重城里，华灯九陌中。
开门纳和气，步辇逐微风。
钟鼓连宵合，歌笙达曙雄。
彩光不为已，常与万众同。

宋代帝王中的著名“文青”——徽宗赵佶，对于灯节游乐这件事的兴致可谓空前而绝后。由于按捺不住赏灯玩乐的心情，他曾下令从新年之前的腊月初一就在宫中点起鳌山灯，延续到正月十五，称之为“预赏元宵”。从此，灯节预赏的惯例便形成了。《大宋宣和遗事》中还记载了一则关于宋徽宗的趣事，有一年元宵节，徽宗赏赐来观灯的百姓各御酒一杯，其间有个女子喝完酒想要偷走盛酒的金杯，却被卫士发现，遂被押到皇帝面前。这名女子略通文辞，又颇为机敏，当场作《鹧鸪天》一首：

月满蓬壶灿烂灯，与郎携手至端门。
贪观鹤阵笙箫举，不觉鸳鸯失却群。
天渐晓，感皇恩，传宣赐酒饮杯巡。
归家唯恐翁姑责，窃取金杯作照凭。

这女子借口与丈夫走失，想拿着金杯回家证明自己去了端门，喝了御酒。徽宗听后一高兴，便把金杯赏赐给了她，还让卫士送她回家，免受公婆责罚。

明朝的灯节时间最长，明成祖朱棣不仅颁布了举国欢庆的十天的长假法令，而且下令军民张灯设乐，并与文武百官、域外使节们在元宵节的晚上一同欢宴。这一天，连太监们都要穿上制有灯景的褂子，简直有点儿“角色扮演”的意思。

如此一来，在皇家的引导之下，上行下效，元宵灯节遂成为万民的狂欢节。

与灯节盛况相伴随的必然是巨大的花费，其间也难免有官员为向皇帝邀功，强令百姓出资过灯节的情况。宋代的湖州地方官蔡襄为了向皇帝展示海内升平的局面，强令百姓无论贫富，家家都要在上元节点灯七盏。有个叫陈烈的人，愤然于这种不顾百姓疾苦的做法，故意做了一盏一丈多高的灯，在上面写了一首诗：

富家一盏灯，太仓一粒粟；
贫家一盏灯，父子相聚哭。
风流太守知不知，犹恨笙歌无妙曲！

这首诗很有白居易的新乐府控诉时弊的味道，可见灯节的繁华背后，其实也掩藏着官员的罪行与百姓们的许多苦衷。

灯节的风俗文化活动

元宵佳节可以说是一个万民参与的大型群众性文化活动，早在南北朝时期，民间在此时已有迎紫姑、祭蚕宝、拔河比赛、歌舞百戏等活动。

宋代之后的上元灯节中的艺术活动更是大为增加、盛况空前，这首先要归功于帝王的大力提倡。北宋开国皇帝赵匡胤曾在削平群雄后颁布诏令，称寰宇咸宁，五谷丰登，“宜士民之纵乐”，公开鼓励百姓们享受生活。宋代的帝王还规定了凡是来到御街前看灯的百姓都有奖赏——赐酒一杯以示同乐。

在宋代的元宵节上，张灯之俗遍及城乡，灯节上不仅有各种能工巧匠竞相比赛技艺，还有百戏艺人的精彩演出，甚至在小集市的土地庙前也有鳌山灯。当夜晚到来，灯楼、灯山被一一点燃之时，街上的大型化装游行便拉开了帷幕。在游行的队伍里有舞蹈、杵歌、傀儡、竹马等节目，游行演出的队伍常常绵延十几里，参加游行的队伍也多达上百支。不仅有社团的游行表演，百姓们也积极参与其中。他们在沿路上设烟火游戏，江南的水边人家在水中放下美丽的水灯，一时间水中地面灯光辉映，游行队伍的鼓乐技艺表演，天上的烟火璀璨绽放，直把城市变成五彩的世界、欢乐的海洋。

元代起，元宵节有了“走百病”的风俗，又称为散百病、遣百病、除百病等，是一种通过登高走桥、赴庙行香来祛除疾病的活动。往往是妇女亲眷相随，或是携病妇出行，以赶走病魔。

明代的上元灯节又以福建为最盛，从正月十一开始就有人家燃灯，到十三日则是家家点灯，把夜晚照得如同白昼。而一些富贵人家会把家里每一处都用灯点亮，数以千计的花灯装点着重重院落，主人家还会毫不吝惜地打开大门，让游人入内赏玩。街市上家家户户的门前必悬两盏花灯。每隔十户人家就会搭起一个彩棚，里面悬挂着各种形状、颜色的彩灯。男男女女的游人与车马往来穿梭，一直要闹到天快明才渐渐散去。到了正月二十日，孩子们打起了“求饶灯”，意思是说灯节快要终了，各处也该歇息了。闽中灯节真正落幕则要到正月二十二日。

明代的意大利传教士利玛窦也曾在《中国札记》中记载：“家家户户都挂着用纸板、玻璃或布巧妙地做成的各种灯笼，点得通明透亮。”

清代上元灯节除了观灯、放烟火、看表演以外，民间还有走桥、摸钉、祛除百病等习俗。

由于灯节的开放性，历朝历代的都市中，每逢灯节，无论男女老幼，夜晚皆出游于街市，道路就出现了拥堵现象。最夸张的时候有人脚不能挨着地面，被游行的人流驾空着向前移动，可见这个节日里人们对于彻夜游赏观灯的热情之高，同时也说明了灯节的风俗传统已深入人心。

四、华灯明夜宴——灯与古人的夜生活

从先秦时期开始，人们的陪葬明器中便有了各色灯具。这些灯具在黑暗的墓穴中象征着为各自的主人“照亮”彼岸世界，试图驱散人们对于死后世界的恐惧。它们被封存在黑暗的世界，却也曾经有过耀目的光华，甚至还裹挟着某一次夜宴之上的时兴乐调，映射着觥筹交错、推杯换盏的人世喧嚷。一场夜宴，千年不散。让人不由得想要揭开这一重重历史的纱幔，去一窥那千百年前在古老的夜空下曾经热闹上演过的一幕幕古人的夜生活。

中国古代最早的夜宴大概可以追溯到殷商时期，商纣王的酒池肉林，夜饮狂欢可为夜宴之滥觞，之后的《诗经》《楚辞》皆有对于夜宴的文字描述，如《小雅·南有嘉鱼》中的“湛湛露斯，匪阳不晞。厌厌夜饮，不醉无归”。而屈原笔下的《招魂》一诗中也有对于楚国豪华宴会的描写，在楚国宫殿的夜宴上，有佳冶窈窕的女子跳着时髦的郑国舞蹈，有大型的乐队演奏

着楚地的《涉江》《采菱》之曲，宫廷之内装饰有“翡帷翠帐，红壁沙版、玄玉之梁”，更有“兰膏明烛”照亮了所有这一切的欢欣热闹。灯的出现，不仅为人类驱走了夜的黑暗与可怖，更改变了古人的生活方式，使人们诸多的白昼活动延续到了夜晚，在某种意义上延长了生命长度，增加了生命密度。

盛世华灯

当盛世渐次出现，物质文明也进入高速发展时期。汉代是灯具的第一个繁荣时期，唐代则是灯具发展的世俗化阶段，而华灯下的宴飨更被推到了欢乐的巅峰。自汉唐以来，豪贵之流的夜宴往往包含饮食、歌吹、乐舞、游戏等诸多项目，又有娼妓表演以及陪侍，可谓声色犬马。汉代初期崇俭抑奢，高祖曾因萧何营造了壮丽的未央宫而大发脾气。文、景二帝对于夜间的娱乐活动也是比较节制的，而武帝在青年时期受这种节俭风气的制约，也曾不得不以“微行”的方式在夜间与善于骑射的宫廷卫兵偷偷约在宫殿门口，然后上山游猎。但是在武帝执政以后，奢靡之风逐渐流播朝野，宏伟的宫殿苑囿、盛大的夜宴华灯，这些时代的风尚在汉大赋、汉乐府诗中都可以得到印证。《相逢行》一诗中记述了一个汉代官宦家庭的夜宴场景：“黄金为君门，白玉为君堂。堂上置樽酒，作使邯郸倡。中庭生桂树，华灯何煌煌。”这个富贵之家有黄金、白玉装饰的大门与厅堂，堂上金樽置酒，美丽的歌妓在旁佐欢，庭院的桂树芬芳四溢，而华灯便是这场夜宴中不可或缺的一个元素，它照亮了黄金门、白玉堂、金樽酒的华彩，为这盛世的夜晚而跳跃、燃烧！

到了唐代，空前的繁荣统一，万国来朝的强大国力使得生活在唐代的人们自信而昂扬，夜宴上灯盏的使用更是达到了无所不用其极的地步。在唐代的夜宴中，灯烛扮演着更加引人注目的角色。《开元天宝遗事》卷二记载了唐玄宗的弟弟申王的奢华生活，他的家宴上所用的是龙檀木雕刻的烛灯，灯座刻成童子模样，穿着华丽的绿色衣袍，放置在宴席的旁边用以照明，号为“烛奴”。那些达官显宦们见了也纷纷仿效，刻制“烛奴”灯具装点夜宴以显示他们的身份地位，一时之间，竟成风气。但是，申王家宴上的“烛奴”比起郇国公韦陟家宴上的“烛围”的阵势就有些逊色了。在冯贽的《云仙杂记·烛围》中引了《长安后记》里的一段：“韦陟家宴，使每婢执一烛，四面行立，人呼为烛围。” 申王家宴用木雕人形灯侍宴，而这位承袭祖上余荫的郇国公家中夜宴是由四排婢女围成四方形，手捧灯烛为中间的筵席照明，由此可见唐代达官显宦的一个普通家宴中，仅照明一项就如此奢侈，其他环节的奢华程度也就可以想见了。在盛世大唐，统治阶级生活的奢华可谓无所不备，而灯烛作为时代风尚之一，也是达官贵人们竞相攀比的一个焦点。从今天出土的唐代灯具看，唐代的人物形灯和动物形灯数量减少，单体碗、杯、盘和钵形灯逐渐增多。而上文中的“烛奴”人形灯由于木制的原因在今天已经不可能看到，我们只能从一些文献资料、绘画作品中看到这一类灯具的存在。“烛奴”的使用不仅显现了当时贵族、官员们追求时尚的心理，同时也是先秦“执烛抱燋”的照明方式的一种遗存。

宋代名相寇准在人们的心目中是一位清廉刚正的官员，许多戏剧作品中都有所体现。然而，历史上的寇准却有着让人大跌眼镜的一面。寇准步入仕途后仅三十出头就做到了副宰相的职位，做官以后，他在生活上比较奢侈，其奢侈行为的表现之一就是夜宴上“任性点灯”的故事。《宋史·寇准传》记载：“准少年富贵，性豪侈，喜剧饮，每宴宾客，多阖扉脱骖。家未尝爇油灯，虽庖匽所在，必燃炬烛。”喜欢大宴宾客的寇准觉得点油灯显得寒酸，所以一定要在夜宴上点着蜡烛，就连厕所里也要点蜡烛。在宋代编纂的大型类书《锦绣万花谷》中也记载了寇准“任性点灯”

的故事，每当寇准离开任所，继任的官员住进他曾住过的宅第，总能在厕所里找到结成堆的蜡油。以至于后来司马光教育子女要勤俭度日，就以寇准的奢侈生活作为反面教材来讲。蜡烛虽在东汉就已经出现，但是直到唐代还被作为贡品，可见非常珍贵。宋代时蜡烛稍有普及，但仍然属于照明设备中价格较高的燃料。而寇准家中的夜宴处处点着蜡烛也就罢了，连厨房、厕所也不例外，这也难怪司马光对他的奢侈生活多有诟病了。

秉烛夜宴

公元733年，23岁的李白来到了湖北安陆，在那个春天的夜晚，他与堂兄弟们来到了香气氤氲的桃李园秉烛夜游，饮酒赋诗，怀思古之幽情。他说："夫天地者，万物之逆旅。光阴者，百代之过客。而浮生若梦，为欢几何？古人秉烛夜游，良有以也。"

大致创作于东汉末的文人诗《古诗十九首》中《生年不满百》一诗写道："生年不满百，常怀千岁忧。昼短苦夜长，何不秉烛游！"此后，"秉烛夜游"便成为文人们所喜爱的生活方式之一。而李白在春夜"秉烛"游赏宴饮中所吟咏的是古人心中对于生命、光阴的一份珍重，燃烧的蜡烛像是正在消逝的生命时光，所谓“灯枯油尽”便是此意。不同的是，豪爽的李白不因人生的短暂而悲慨，而是以昂扬乐观的姿态呼唤兄弟们与他一起留住这美好的春夜，用烛光照亮这满园春色，才好不辜负这一季的芳华！

灯在文人的夜宴中不仅寄托了他们对于生命的悲慨与昂扬，也为他们的夜宴渲染着欢乐的气氛和别样的情调。如李群玉《长沙陪裴大夫夜宴》：“东山夜宴酒成河，银烛荧煌照绮罗。四面雨声笼笑语，满堂香气泛笙歌……”王建《田侍中宴席》：“香熏罗幕暖成烟，火照中庭烛满筵。整顿舞衣呈玉腕，动摇歌扇露金钿……”在夜宴上，人醉灯下，明亮的白色蜡烛照着舞姬丝绸的衣衫，笑语盈盈间香气飘满整个厅堂。而田侍中这位正三品文官家中的夜宴不仅堂内烛灯高照，连庭院也要照亮，真正是“舞低杨柳楼心月，歌尽桃花扇底风”。施肩吾《夜宴曲》有云：“兰釭如昼晓不眠，玉堂夜起沈香烟。青娥一行十二仙，欲笑不笑桃花然。”酒宴上的烛灯到晓不熄，说明这是一场彻夜的狂欢，而宴会上歌舞的十二位女子个个灿如桃花，婀娜婉转，这样的夜晚，这样的欢宴，又有几人会舍得散去呢？

宋代，从第一位皇帝赵匡胤开始就大力优待文官，并公然鼓励官员们“歌儿舞女”，广置田产，享受生活，文人们也迎来了属于他们的黄金时代。宋代城市经济进一步发展，坊市的禁限取消，城市夜间娱乐生活更加丰富。北宋的开封夜市和南宋的杭州夜市都有高、中、低不同档次的酒楼可供文人们宴饮流连，故而宋代文人的夜宴之风较唐代更是有过之而无不及。“昨夜宴南堂，华灯烛九光”“除夜浑疑便白头，携壶相劝醉方休。敢辞枕上三朝卧，且免灯前一夕愁”。钱惟演的南堂宴饮是被九枝华灯照亮的记忆，而王禹偁的一场对饮却是为了消去由灯烛引发的一段迟暮的惆怅。

在夜宴的欢娱与慨叹中，文人们有“灯花弄粉色，酒红生脸莲”的一晌风流，有“酒趁哀弦，灯照离席”的不舍，万种情绪，尽在灯影摇曳之中。

智慧之光

盛唐昌明，人才辈出，而神童级的人物时有闪现。《旧唐书·杨绾传》记载：“绾生聪惠，年四岁，处群从之中，敏识过人。尝夜宴亲宾，各举坐中物以四声呼之，诸宾未言，绾应声指铁灯树曰：‘灯盏柄曲。’众咸异之。”四岁的杨绾参与了这场夜宴中一个成年人的文字游戏——以座位周围某一物件为对象，要求按照“平上去入”四声之序对这一物件加以说明。在座的众宾客们四顾再三，都没有一个好的答案。此时，杨绾指着一盏铁制的灯树说“灯盏柄曲”。在这里，这盏高大的铁制树形灯的光明吸引了年幼而聪慧的杨绾，站在“树”下的杨绾似乎被一道智慧之光的所启发，自此之后，人们常以“灯盏”作为典故，来说明儿童的聪颖和擅长诗律。

中国古代羊形灯具

很多人都知道中国古代的瓷器、丝绸有着悠久的历史，它们常漂洋过海，远销域外。却很少有人知道中国灯曾经与瓷器、丝绸并列为中国的三大输出名品。当人们用丝绸命名与海

瓷器

丝绸

外的贸易往来之路，将瓷器的英文单词与中国一词等同时，同为三大名品的中国灯却不曾被人们所瞩目，这不免有些令人遗憾。其实，从上古、中古，直到近古，灯是千年盛宴的见证者，是那些欢宴故事的诉说者，也是古人生命长河中一个光芒四射却永远静默的陪伴者。

参考文献：

[1]【美】斯蒂芬·J.派因著，梅雪芹、牛瑞华、贾珺等译《火之简史》，北京：生活·读书·新知三联书店，2006年4月第1版，第34页。

[2]宋良曦，宋岸雷.《中国灯文化》，成都：四川人民出版社，1996年3月，第2页。

[3]【美】斯蒂芬·J.派因著，梅雪芹，牛瑞华，贾珺等译.《火之简史》，北京：生活·读书·新知三联书店，2006年4月，第126页。

[4]【美】斯蒂芬·J.派因著，梅雪芹，牛瑞华，贾珺等译.《火之简史》，北京：生活·读书·新知三联书店，2006年4月，第126页。

[5]《后汉书·光武帝纪》(卷一).北京：中华书局出版社，1965年5月。

[6]王符.《潜夫论·浮侈篇》.北京：中华书局出版社，1979年。

[7]陈西平.《中国民俗中的树文化内涵》.《前沿》，2003年第8期。

[8](俄)叶·莫·梅列金斯基，魏庆征译.《神话的诗学》，北京：商务印书馆，1990年，第239-240页。

第二章　中国扇

一、瑞草成扇叶生风——中国扇的起源与发展

中国古代的扇子文化辉煌灿烂，因其融合了我国的绘画、书法、文学艺术，以及民间手工技艺，同时又与上自帝王、下至百姓的各个阶层发生着不同的关联，故而成为中国文化中一个特定的意象符号，并被赋予了无尽的民族化内容。作为中国扇子的主流，团扇、折扇皆洋溢着华夏文化之风情，中国扇子的历史发展也从一个侧面折射着中华文明史的光辉。

生活实用与仪仗装饰并举的发端时期

在我国，扇子的发展历史颇为悠久，最早可以追溯到原始社会时期，沈从文在《古人的文化》中论及扇子，认为扇子的应用至少不晚于新石器时代的陶器出现之后。就像众多从劳动中产生的用具一样，当先民们在劳动中发现可以用植物叶子以及禽鸟的羽毛来

团扇扇面艺术

遮挡太阳炽烈的光芒，扇子便产生了。不过，早期的扇子还非常简陋，也仅仅是人们手中障尘蔽日的工具，与后代既是日常生活用品，又是优雅美丽的艺术品的扇子还有着天壤之别。

宋代高承的《事物纪原》和明代王三聘的《古今事物考》中都提到在黄帝的时代就在使用"五明扇"了。舜受禅于尧后，也制作了"五明扇"，以示"广开视听"，求得天下贤士辅政。舜制作的“五明扇”是形如“门扇”的二个仪仗扇，由仆从手持而立。那么，“五明”是何含义？依据《史记·项羽本纪》中说舜为重瞳，那么，传说中舜的眼睛的四个瞳孔便是四明，如得到贤人辅佐又为“一明”，是为“五明”，所以“五明扇”就表示广开求贤之门的意思。东汉许慎说:“扇，扉也。”扉就是门扇，可知扇的本义就是竹子或者苇编成的门。在舜的时代，扇多为植物叶编制，称作“箑”（shà），专为仪仗之用。

禹继任后，下令行五政，“禁扇去笠”，意思是去掉扇与华盖一类的仪仗物，以示简政，这次政治改革废除了仪仗扇的使用。

殷商时，商高宗又恢复了仪仗扇，制作了其是由羽毛制成的“雉尾扇”，考究的选材表示其高贵和权威，专用于仪卫与障蔽。周武王时沿袭此制，“武王自盟津还返于国，自左拥而以扇之”，这种仪仗扇被称为“翣”（shà），“翣”也是用羽毛制作而成。周代规定天子八扇、诸侯六扇、大夫四扇、士二扇，从扇的使用上来看，其所表现的等级意识已经非常清楚了。

除了君主使用的仪仗扇以外，还有专供王公贵族妇女使用的仪仗扇，这是用孔雀毛制成的障扇，色彩绚丽，被称为“凤翣”。周代礼制规定，王后夫人所乘坐的仪仗车马要使用翣，用羽毛制成，以障蔽风尘。

从扇子的名称上来看，有箑、萐(shà)、翣、扇等，《说文解字》对于“萐”的解释是“萐，萐莆，瑞草也。尧时生于庖厨，扇暑而凉”，可见上古时期的扇子是用“祥瑞之草”萐莆的叶子制成，用作消暑纳凉，供人们日常使用。到了周武王时期的扇子，就与我们今天看到的扇子差不多了。

《说文解字》中说“箑，扇也”。而“箑”从竹，“翣”“扇”皆从羽，可知上古时期扇子的材质大抵是竹子或者动物羽毛。目前发现的最早的竹扇实物是1982年在湖北江陵马山砖厂一号楚墓出土的短柄竹扇，这把扇子出自战国中晚期“士”的墓葬。而目前发现的最早的

湖北江陵马山砖厂
一号楚墓出土的短柄竹扇

羽扇实物是 1978 年在湖北江陵县天星观一号楚墓出土的一把形如头盔的残损的羽扇，其扇柄长达 2.3 米，据考古学家推断，这把羽扇的主人应当是战国中晚期的楚国上卿。由此可见，在战国中晚期，竹扇和羽扇是士和官员两种不同等级身份的象征。

到了西汉文景之时，梁孝王因立下诸多战功而受到天子大量封赏，在他得到的赏赐物品中就有扇等仪仗用品，自此至魏晋，诸王都以此为标准。随着时代的变迁，历代仪仗扇的使用制度越来越细化，汉代的仪仗扇叫作“障翳”，晋代葛洪的《西京杂记》中记录汉代宫廷“夏设羽扇，冬设缯扇”，也就是说当时夏天用羽毛制作的仪仗扇，冬天则用丝织品制成的仪仗扇。传为晋代张敞所撰写的《东宫旧事》中记录晋代皇太子初立，所用仪仗包含了青竹扇、黄竹扇各一。太子纳妃则用同心扇三十，单竹扇二十。晋武帝时，为表示崇

北魏石刻 贵族出行

尚节俭，禁止使用绢扇，王侯们的仪仗扇也不可用雉尾制作。从汉到晋，仪仗扇的材质被详细规定，这说明其使用制度的严格。

我们所熟知的《步辇图》记录了唐太宗接见使臣禄东赞这一事件，图中宫女手持的高大障扇尤为醒目，大唐帝王的威仪因为障扇的存在而显得更加突出。唐代制度规定，天子出行，其仪仗中各种形状的雉尾障扇达二十柄之多。而太皇太后的仪仗中则由二十四名宫人持偏扇、方扇、团扇。太子的仪仗中的障扇为十柄。可知，仪仗中扇的数量直接体现了不同的等级地位。

宋元以降，帝王与王公贵族的仪仗扇从数量到形制上略有变化，色彩则以红黄两色居多。到了清代，

步辇图

在陈元龙所编的《格致镜原》中记载当时皇帝上朝时用“双龙扇红黄共二十在殿内左右第一重，花扇二十在殿内左右第二重，素扇二十在殿内第三重”。

仪仗扇既是权力与威仪的象征，其高大的形制也装饰着帝王们的宫殿，以及他们浩浩荡荡的出行队伍，为不可侵犯的王权营造出庄严肃穆的气氛。从殷商以后，仪仗扇逐渐变得越来越华丽，其使用的制度也在中国历代的礼仪典章制度中频频出现。

东汉班固的《竹扇赋》云：“削为扇翣成良器，托御君王供时用。度量异好有圆方，来风堪避暑静夜。”从这一首诗，我们看到了扇用途的两端，上而为仪仗，下而为日用之物。

到了东汉时期，人们所使用的竹扇也被称作“便面”，取其便于遮挡面部之意。又因为便面的容易携带，用于纳凉极为方便，故而受到了人们的喜爱。到了汉魏时期，作为日用的竹扇和羽扇已经十分流行。东晋书法家王羲之为老妪手书六角竹扇，以帮助其销售扇子的故事也证明了在六朝时，竹扇早已是人们在集市上常常售卖的商品。在这一时期，竹扇经历了汉代的梯形，继而演变出方形、六角形等形状。同时，竹扇也进入了文人的视野，成为他们热情歌咏的对象。从此，扇就被赋予了更多的文化内涵。

团团如月合欢裁，手中屏扇渐次开
——扇文化发展的主要阶段

中国古代的扇子种类非常之多，以形制来看，最受藏家们垂青的无疑是团扇和折扇。

团扇

团扇的产生时间远早于折扇，因其形状团圆如月，暗合中国人合欢吉祥之意，故得名“合欢扇”。又因其由丝织物制成，又称“纨扇”或“罗扇”。唐人王建《调笑令》云：“团扇团扇，美人并来遮面。”所以，团扇又有“并面”“便面”和“障面”的雅称。

李安春 晴春戏蝶图

最早的团扇产生于西汉成帝时期。班婕妤的《怨歌行》是最早咏团扇的诗歌：“新裂齐纨素，皎洁如霜雪。裁为合欢扇，团团似明月。出入君怀袖，动摇微风发。常恐秋节至，凉飙夺炎热，弃捐箧笥中，恩情中道绝。”自此，团扇不仅是纳凉之用的工具，更具有了“秋凉见弃”的哀怨意蕴，成为失意文人、悲切弃妇所歌咏的对象。团扇从产生之初，便使用了轻柔的丝织品作为扇面。其时，丝织品以山东所产为最佳，远销罗马的山东丝绸也成为制作汉代宫廷团扇的最佳原材料。汉代的团扇受到了宫廷的青睐。赵飞燕入宫，汉成帝便赐给她薄如蝉翼的团扇以示荣宠。据考古发现，两汉时期，团扇不仅是女性的专利，男性也因喜爱团扇的光洁美好而随身携带。

魏晋南北朝时期，洁白的团扇开始成为文人们创作的“园地”，从此以后，扇面与文人便结下了深厚的情缘。同时，他们还竞相歌咏团扇，留下诸多诗词歌赋，如周弘正的《咏斑竹掩团扇诗》、江淹的《班婕妤咏扇》、庾肩吾的《团扇铭》等。

唐宋两代是团扇最为风靡的时期，妇女们手执团扇掩面含羞，纳凉驱暑，团扇也映衬着她们娇媚的容颜。在唐代，团扇还在婚礼中扮演着必不可少的角色。此时的婚礼上，在合卺之礼后，便是却扇之礼。新郎新娘一东一西相向而坐，新娘以扇掩面，新郎须得咏出三五首却扇诗，新娘才会放下扇子，露出面容。这一礼仪的前提是新郎必须会写诗才行，遇到不会作诗的新郎，就只能找“枪手”了。晚唐诗人李商隐就在董秀才的婚礼上当了一回“枪手”，他的诗歌《代董秀才却扇》就是证明：“莫将画扇出帷来，遮掩春山滞上才。若道团圆似明月，此中须放桂花开。”这首诗的意思是劝新娘子不要用扇子遮住她美丽的容颜。最妙的是后两句，既以明月比喻团扇的洁白，又说出了扇子后面是新娘即将露出的如桂花般美好的容貌，同时，又暗合了“蟾宫折桂”之意。

簪花仕女图

唐代的团扇，可以依其柄长与扇面直径的比例加以区分。一种是长柄团扇，柄与扇面直径之比是 1∶3 或 1∶3.5 左右；一种是中柄团扇，柄面比在 1∶2 左右；另有短柄团扇，其柄与面的比例大约是 1:1。唐代早期腰圆形团扇更为流行，开元、天宝年后团扇多为“圆如满月”的样式。

挥扇侍女图

宋代的制扇业已较为发达，在许多大城市中，都可以看到售卖扇子的“专卖店”。南宋临安有专门制作扇子的扇子巷，聚集了多家制扇作坊。宋代优待文官的政治制度，以及宋代文人优雅的生

张萱捣练图（局部）

宋徽宗　枇杷山鸟图

活品味，都使得团扇朝着艺术化的道路上进一步发展。司马光曾言：“玩之不替手，爱重心无穷。”宋人对于团扇的钟爱可见一斑。由于团扇是宋代各阶层文人雅士抒写心情、展现才情的一方天地，因此也产生了众多的纨扇绘画作品，如宋徽宗的《枇杷山鸟图》、马远的《远山柳岸图》、李端的《梨花鸠子图》、陈清波的《湖山春晓图》等等。

元明以后，文人对于团扇的热衷依然不减。虽然在明清两代，折扇已经蔚然兴起，但团扇影响犹存。

唐寅秋风纨扇图

明代文人唐寅作《秋风纨扇图》：“秋来纨扇合收藏，何事佳人重感伤。请把世情详细看，大都谁不逐炎凉。”

从汉代至明清，团扇作为中国扇文化的主要代表之一，从生活实用之物到艺术载体，再到艺术品本身，这个演变过程体现着中国古代文人将日常生活艺术化的审美品位，也说明了中国古代艺术的高度发展。

折扇

古代称折扇为聚头扇、折叠扇、蝙蝠扇、聚骨扇、绘折扇，因其使用时敞开，不用时可叠起而取名。关于折扇何时在中国出现，历来存在着很大的分歧，一说是日本，一说为高丽。张世南《游宦纪闻》称高丽国于宣和六年九月派遣使臣李资德、金富辙前来谢恩，就携带有折叠扇二把。明代陆深《春风堂随笔》云："今世所用折叠扇亦名聚头扇，吾乡张东海先生以为始于永乐间，予见南宋以来诗词咏聚头扇者颇多，予收得杨妹子所写绢扇面折痕尚存。东坡谓高丽白松扇展之广之尺余，合之止两指许。正今折扇。盖自北宋已有之，倭人亦制为泥金而乌竹骨充贡。"可以确定的是，折扇在宋代就已经传入，然而北宋时折扇较为稀有，仍是团扇占主要地位。北宋张择端的《清明上河图》中所画的人物用的扇子均为团扇，即可作为证明。初入中国的折扇是价格不菲的舶来品，所以此时的折扇还只是上层社会文人雅士与贵妇仕女手中的新奇玩意。直到明代以后，折扇才渐渐取代了团扇的地位，受到人们的喜爱。明永乐年间，朝鲜向朝廷进贡了"撒扇"，也就是折扇。这种方便携带、卷舒自如的扇子颇得明成祖朱棣的欢心，于是，他下令宫中工匠如法制作，折扇也就很快在民间开始流行起来了。现存最早的折扇便是藏于故宫博物院的明代宣德帝朱瞻基所画的设色人物画大折扇。明代安徽歙县有四大扇商，分别是郑泰时、朱沛、张士安、仉考，他们以制扇售扇而成为巨富。这也可以说明当时折扇在民间的流行程度。

随着折扇的流行，到了明嘉靖年间，扇书、扇画也开始产生。明代谢肇淛在《五杂俎》中介绍了当时四川和江南一带的折扇制作皆为精品，皇帝便下令用吴地最易于书写的泥金颜料在折扇上题诗写字，并赐予宫人，这就是我国扇面书画艺术的发端。

由于折扇的扇面便于书画，而且扇骨亦可雕刻文字及图案，所以受到了文人们的青睐，他们给折扇起了一个非常别致的名字——“怀袖雅物”。

在上海挖掘出的明代墓葬当中，有一座墓葬中发现了近百把折扇，这是非常罕见的，由其他的随葬品可以判断墓主人身份的高贵。而同为明代的其他墓葬所出土的折扇则是从几把到一二十把不等，这也可说

明代折扇

明，折扇作为一种艺术品，其陪葬数量的多寡也是墓主人身份高低贵贱的一个象征。

扇使往来游东西

早在团扇发展的早期，中国团扇就已经传播到了朝鲜和日本。隋唐时代，还进一步流传到了东南亚诸国，成为传播中华文化的无声使者。日本的王室很喜欢中国的扇子，曾有日本诗人柿本人麻吕的和歌《献忍壁皇子一首·咏仙人行》中写道："不论终冬夏，常常四季同。著裘兼握扇，大有仙人风。"忍壁皇子手中拿的就是中国的团扇。当时，隋唐文化的发达与繁荣已经深深吸引了周边国家的人们，他们以不分冬夏、握扇而立作为一种高雅出世的风姿。在他们眼中，中国扇子是代表发达文化的一个符号，也是体现自身不凡品貌的一个装饰品。

传入日本的团扇后经改造，继而又大量出口到朝鲜、中国。公元 776 年，日本天皇还将类似团扇的槟榔扇赐予来使。

而折扇从日本传入中国后，在中国也得到了一定的改造，从以前的单面贴纸变为双面贴纸，扇骨数量也不再是传入时的五根，而是得到了大幅度增加。当折扇在中国被改造得越来越趋于完美时，又反过来出口到了日本，日本人将这种折扇称作“唐扇”，在日本的室町时代（1338—1573），也就是中国的元明时期一度非常风靡。到了清康熙八年（1669 年），由于中国出口到日本的扇子数量非常巨大，以至于日本政府为了节约开支，不得不禁止进口中国扇子。

16 世纪欧洲，从此对西方扇子的发展产生了巨大的影响。由于纸张制造的短板，西班牙和葡萄牙等国便以牛犊皮和羊羔皮来制作扇面，更有洒以香水者，便成了“香水折扇”。在 17 和 18 世纪法国凡尔赛宫的盛大舞会上，贵妇们以折扇作为美丽的服饰搭配。而宫廷发生的诸如国王加冕、战争胜利等许多大事件

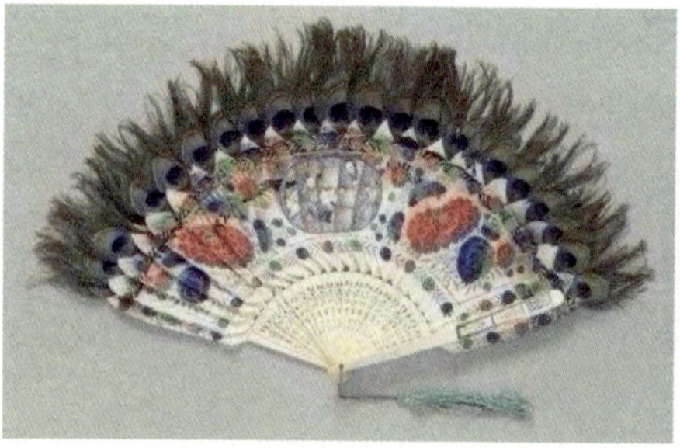

18 世纪至 19 世纪中国出口至西方国家的羽扇现藏于美国波士顿博物馆

【法】让·奥古斯特·多米尼克·安格尔画中手持折扇的贵妇

也被绘制在扇面上，并成为庆典活动上赠送宾客的礼品。与欧洲扇面较多绘制大的历史事件和人物相比，中国扇面的山水花鸟、题诗作赋更看重的是对于精神世界和艺术审美的追求。

18 世纪东印度公司将大量的中国扇子输入欧洲市场，广州一带的精明商人们为了迎合欧洲人的口味，将西洋风格的绘画绘制在扇面上。至清末，中国出口到欧洲的扇子就形成了三大品类：一是保持着中国传统风格的，有名人字画的“名扇”；二是纯粹西洋风格的扇子；三是既有西洋味道，又有中国特色的中国扇。

18 世纪至 19 世纪中国出口西方国家的羽扇

竹篛画扇

由于中国扇子在欧洲市场的极大影响力，到了1851年，在人类历史上第一次世博会——“伦敦万国工业产品大博览会”上，中国扇子被作为重要的展品展出。而在1915年的美国旧金山“巴拿马太平洋万国博览会”上，中国的“竹篛画扇”夺得了金牌！

流播到海外的中国扇子因为绝妙的制作工艺和精美的艺术价值而身价倍增，1720年，伦敦一家拍卖行的中国象牙扇以1540美元的高价售出，比同时拍卖的珍珠镶嵌的英国扇子高出了两倍的价格。章云在1988年的《人民日报·海外版》上登载了他亲身经历的关于扇子小故事：当时他远赴日内瓦工作，带去了大小三把折扇，并将其中一把装饰房间用的大折扇挂在厅堂里，引得房东每每造访都叹赏不已。后来，他离开日内瓦前往非洲，房东执意要买下这把折扇，章云见其对扇子喜爱至深，便慷慨奉送。在他到了非洲后，有天去参加了一个招待会，由于天气炎热，他的爱人拿出随身携带的檀香扇，不料却引起了在场人士的极大好奇。他们忍不住打量着这把散发着阵阵香气的扇子，被它精美的刻镂工艺所吸引，以至于当晚的主人都打趣说："今晚，这把扇子才是主角吧！"走出国门的中国扇子以其独特的魅力向世人展示着中

檀香扇

华民族深厚底蕴的传统文化，这一次次的亮相既把中国扇文化引领到了世界的大舞台上，也让世界认识了中国文化的精致与韵味！

二、尺幅千里——扇面艺术

相传苏轼在杭州做官时，有人状告一名制扇的作坊主欠钱不还。苏轼命人唤被告前来审问，被告却一肚子委屈地说：“这都怪老天爷，连日下雨阴寒，扇子卖不出去，拿什么还钱？”苏轼听罢，令此人取来滞销的扇子，在上面挥毫泼墨，画下枯木怪石，叫他拿去售卖。被告抱着这些扇子刚一出公堂，就被一群爱好苏轼书画的人高价哄抢而空。这与王羲之帮助老妪书写扇面的故事异曲同工，都表达了扇不自美，因名人书画而彰的意思。

作为中国书画艺术的一种典型形式，扇面书画究竟起源于哪个年代，今天已无从考证，但从唐人张彦远的《历代名画记》中所记曹操的主簿杨修“画扇误点成蝇”的故事，或许可大致推算。当时曹操令杨修画扇，不料杨修一不留神将一滴墨滴在扇面上，机智而又深谙画技的杨修干脆就借着这一点墨痕画出了一只苍蝇。可见，至少在东汉末期，人们就已经开始在扇面上书写绘画了。

唐代流行纨扇，也就是团扇，扇面书画也进一步盛行。在周昉的《簪花仕女图》上，我们看到了拿着团扇的贵族女子，其扇面上绘有牡丹图案。到了宋代，团扇绘画依然盛行不衰，宋代邓椿所作《书继》中记载："徽宗每有画扇，则六宫诸邸竟皆临仿一样，或

簪花侍女图（局部）

至数百本。”可见宋徽宗赵佶便是团扇绘画的领导者。此时的文人墨客们很喜欢在扇面上题诗作画，并且所画的题材也比唐代丰富了许多，可谓人物、山水花鸟、楼台庭院、神话故事，无所不包。从构图上看，也从全景构图转为鲜明简洁的“边角”构图，体现了宋代文人审美上的变化，在饱满丰富与虚空简素之间，他们选择了后者，并确立了后世中国文人对于画面构图的审美观。

宋代以后，随着折扇的逐渐兴起，扇面书画也有了新的载体。未经文人点染的折扇称作“素面”“净面”，或者“白玉扇”，这些名词意味着书画家手中的笔墨挥洒便是为扇面施以妆点，如美人对镜贴花黄一般，使之具有了熠熠生辉的神采。

明清两代是扇面书画的繁荣期，特别是清代，达到了扇面书画艺术的顶峰。今天，有许多留存下来的扇面书画艺术品都是明清时期所作，仅故宫博物院就藏有元明清三代的三百多把扇子。其中，名声最响的创作者有明代的“吴门四大家”——沈周、文徵明、仇英、唐寅，以及清代的“清六家”——王时敏、王鉴、王翚、王原祁、吴历、恽寿平，以及郑板桥、金农、石涛等人。

论及扇面艺术，自然以团扇和折扇为主要载体，

明代 文征明 文石乔木图

明代 沈周 蕉阴琴思图

两者均为小品，便于把玩。而折扇画由于折扇上凹凸不平的特点，所以在上面作书画尤为困难，正如明代大书法家祝枝山所说的那样，就像是美人在瓦砾堆上跳舞，“环肥燕瘦，终减态耳”。折扇画的创作难度使得许多书画家拒绝在扇面上进行创作，往往需要加价润笔方可。因此，折扇的扇面书画艺术精品就显得尤为珍贵。

具体而言，扇面艺术可以从书画、诗歌两个方面来欣赏，特别是到了明代中晚期以后，诗书画一体的扇面风靡一时。有资料表明，最初的折扇上仅有书法，后来才加上画。曾有一扇面，唐寅在背面画一枝桃花，张灵在花下绘一半身美人，祝枝山于正面书狂草，写的是唐人崔护的“人面桃花相映红”这句诗，这把扇子当时售价二十两银子。那个时代的一两银子可以买到两石米，也就是三百八十斤，但是喜爱折扇的士人们却毫不吝惜钱财，足见扇面艺术受追捧的程度。在明代，文人们家藏百把以上的折扇是常见之事，他们常常每日换一把扇子，相互玩赏交换，扇面艺术也因为文人间的这种文化交流活动而得到了长足发展。

扇面书画艺术

扇面书画艺术有几种不同的表现形式，从扇子本身而言，可分为团扇扇面书画和折扇扇面书画；从创作的形式来看，折扇画有单纯的书法作品，还有一面书法一面画作的，再有就是画作与书法在同一面相融合的。从现存的扇面书画作品来看，扇面画较多，单纯的扇面书法作品数量相对较少。

今存宋代扇面书法艺术精品当属宋徽宗赵佶的草书纨扇，上书“掠水燕翎寒自转，随泥花片湿相重。”这是一件非常罕见的团扇书法作品，可以称作扇面书

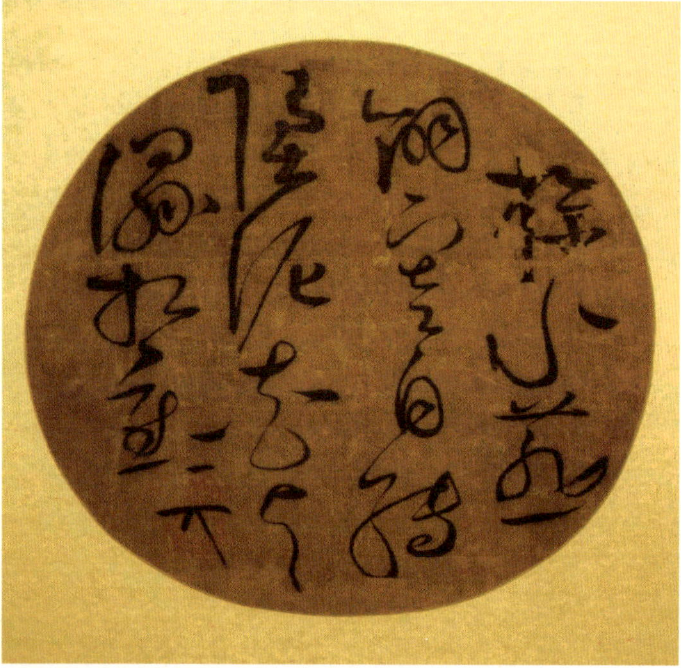

宋徽宗 草书纨扇

法的鼻祖。其笔力圆转流畅、细瘦刚劲，比楷书单字整齐地排列更显活泼灵动。

明清两代有较多折扇书法艺术作品流传下来。明代有唐寅的行书七言诗扇面、陈继儒的行书扇面、董

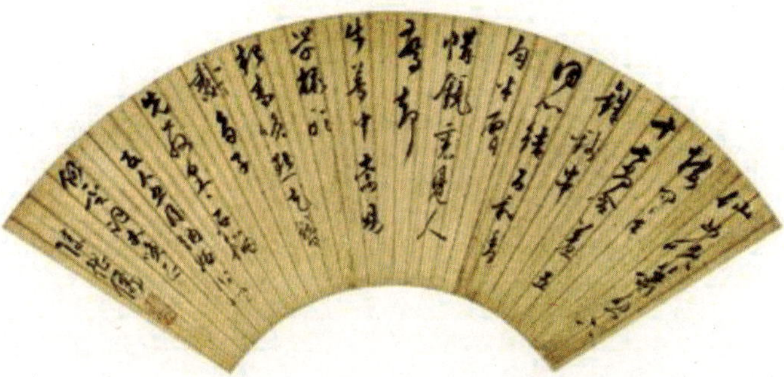

明代 陈继儒 行书七律扇面

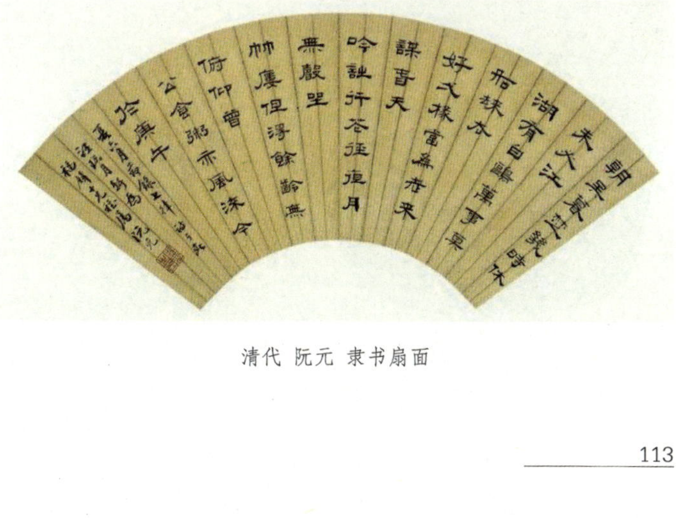

清代 阮元 隶书扇面

其昌的行书扇面等，清代则有阮元的隶书扇面、吴昌硕的行书扇面、铁保的行书扇面等。

扇面绘画因为是近看的小品，可以随手把玩、纳凉生风，所以一般设色着墨较为淡雅，所画的主题也较为轻松精致，其构图、笔法、皴染都要非常精妙，经得起仔细品味。

相比于魏晋，唐代的纨扇书画更进一步，李德裕曾作《画桐花凤扇赋》于扇上，专咏扇上所画紫桐花与五色禽鸟，感叹成都至岷江一带，矶岸所种紫桐常引得五色禽鸟翔集于此，至风雨飘摇，落花轻堕，鸟亦不知所往。

五代 徐熙 豆花蜻蜓图

五代时南唐画家徐熙的《豆花蜻蜓图》是团扇画作的代表之一，现藏于故宫博物院。此画为绢本设色，绢本设色是以国画的色彩绘制在绢上，相对于淡墨黑白色的水墨画而言，具有较为丰富的色彩。这幅纨扇画的主题是徐熙一贯擅长的动植物，蜻蜓停在枝头，观者仿佛可以看见枝头因为蜻蜓的重量而轻微地晃动起来。《宣和画谱》中说徐熙画花鸟，不似当时的其他画家常用颜色晕染出来，而是“落墨以写其枝叶蕊萼，然后敷色，故骨气风神，为古今之绝笔”。

宋代以来，画扇的风气在宫廷与民间都较为盛行，陆游曾有诗云：“吴中近事君知否，团扇家家画放翁。”可见当时的画扇风尚已经遍及普通百姓。宋代是书画纨扇的繁荣期，特别是在宋徽宗崇宁年间以后。宋代传世的著名画扇较多，其中具有代表性的如徐崇矩的《红蓼水禽图》、宋徽宗的《枇杷山鸟图》、吴炳的《出水芙蓉图》、夏圭的《烟岫林居图》等等。

宋代　徐崇矩　红蓼水禽图

徐崇矩的《红蓼水禽图》被评为“传写物态，蔚有生意”，画面中的禽鸟立于水边的红蓼枝叶上，俯身向下几乎贴近水面。水里隐约可见的鱼虾似与鸟儿对视，被压弯的枝叶已插入水中。看似静止的画面表达着动态的一瞬间：红蓼即将承受不了鸟儿的身体而没入水里，鸟儿将掠过水面去啄食水中的小虾。这便是徐崇矩画中所表现的蔚然生机！

明代以折扇画最可称道，藏于上海博物馆的明代陆师道的《疏林远山图》可以说是一件诗书画俱佳的作品。事实上，扇面艺术的精品也往往是诗书画相得益彰的，可以说画为样貌颜色，诗为文采风流，书为风骨精神。这幅《疏林远山图》的扇面是一幅山水画，画中的山林、江渚、远山，疏朗清秀，表达着古代文人以画寄情山水，悠然出世的思想。

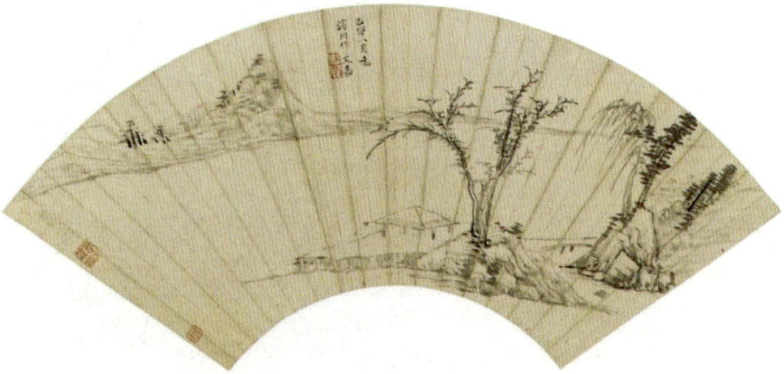

明代 陆师道 疏林远山图

作为折扇画的繁荣期，明代的扇面画精品辈出，明四家是画扇的好手，其间的佳作有文徵明的《万壑争流图》，小小扇面，千山连绵，万壑争喧，这种尺幅万里的恢宏气势已经超过了大幅的山水作品。再如沈周的《苔径林亭图》，一树一亭，画面极为简洁，闲淡荒寂中透露着画家对于红尘之外生活的追求。

明代 沈周 苔径林亭图

其他明代的名家扇面作品还有周晨的《携琴看山图》、董其昌的《秋景山水图》、陈继儒的《水墨溪山图》、仇英的《临流偃坐图》、陈嘉言的《荷花小鸟扇面》等，题材多为山水之作，与文人画的主要表现内容一脉相承。

清代的折扇书画更加登峰造极，文人们依然不惜重金购买扇子，而且都拥有数把扇子，并以求得名家书画为值得炫耀的事。清代的书画家们在扇面上保持着各自的风格，“金陵八家”中创作扇面画最多的龚贤，取法吴镇；叶欣喜欢画孤城古渡；胡慥以画菊为其能事。清代的任伯年是画扇面较多的一位画家，他的扇面精品被现代著名画家徐悲鸿珍爱不已，从他加盖的珍藏印章“悲鸿生命”即可看出徐悲鸿对其作品的喜爱程度。

清代 任伯年 扇面画

从宋代到清代，扇面画以山水花鸟这一文人着意表现的题材为主，山水往往疏朗幽远，寄托遥深；花鸟则趣味盎然，动静结合。此外，还有一些其他题材的扇面画也颇有意趣，如宋代陈宗训的团扇画《秋庭戏婴图》，画中三个儿童，舞枪弄棒，两人争夺一杆枪，另一儿童回头张望，使持扇的观者可以感受到儿童的那种天真无邪和浓浓的生活气息。宋代无名氏的团扇画《百子嬉春图》，富于民间画工画的特色，整个画面的内容丰富饱满，画中百子动作形态各异，有爬树、耍狮、弈棋、放风筝、观佛像等等，人物之间相互照应，憨态可掬。明代丁云鹏的折扇画《调鹦图》则是一幅仕女小品，画面表现一位贵族妇女在春意盎然的小园里，无心于春日美景，也无意弹奏身后婢女所抱的箜篌，只是百无聊赖地戏耍枝上鹦鹉。画中展

宋代 陈宗训 秋庭戏婴图

宋代 无名氏 百子嬉春图

现的场景是人物寂寞空虚的深闺生活的写照，也是一幅形神俱佳的作品。这些表现生活场景的扇面画在古人的手中传递着属于生活的温度，也让今天的人们感受到了那些久远年代曾有过的人文情怀。

在宋代，文人们在扇上题诗作画已非常普遍，他们或将自己心爱的作品写于扇上，或以素扇请名人题写诗文，或将题有诗文的扇子赠予与友人。刘过的《西江月》云："手拈团扇写心题，心事恹恹难寄。"赵令畤的《侯鲭录》中记载孙贲曾求苏轼为之书扇。陆游的《范待制诗集序》中记载范成大以诗歌闻名，每有新作，未及纸上墨迹变干，即被争相传颂，或配乐歌唱，或题于画屏扇上，并以之相赠。因此，扇成为传播文学作品的媒介，使得文人的作品得到了更多的展示空间。

两宋之交的文人朱翌，流传下来的词作仅三首，其中有两首都是被题于扇面而得以流传的。一首是《点绛唇》(流水泠泠)，朱敦儒因赏爱此词，遂题于扇上。因为没有署作者的名字，被人误以为是朱敦儒的词作。而另一首咏折扇的《生查子》则被张孝祥书于扇上，结果就有人将这首词误编入了张孝祥的词集中。无论这些作品是否被误传，却都因为扇的承载而流传于世，所以说，扇对于诗文的传播起到了一定的促进作用。

明代折扇书画的兴盛与文人的诗文创作有着密切关系，他们在扇面上留下了大量的诗文作品。明代唐寅的画扇《山房客至》题诗云："红树黄芳野老家，日高小犬吠篱笆。合村会议无他事，定是人来借看花。"画面上绿树环绕山峦，小溪潺潺而过，两位长者相对而坐，一派闲淡野趣！

吴承恩三十五岁那一年的秋天，住宿在镇江金山寺，曾为沫湖先生书写了一幅草书扇面，这一幅扇面现藏于扬州博物馆，上题七律一首："十年尘梦绕中泠，今日携壶试一登。醉把花枝歌水调，戏书蕉叶乞山僧。青天月落江鼋出，绀殿鸡鸣海日升。风过下方闻笑语，自惊身在白云层。"吴承恩的书法作品非常罕见，这一扇面书法行草相见，开阔洒脱。所题诗歌表达了作

明代 吴承恩 草书扇面

者回顾往事，醉酒今朝的心绪。

古代文人常以诗歌题扇相互馈赠，清代王夫之就在《清诗话》中记录了他与友人以扇赠答的事。王夫之有一把画着折枝杏花的扇子，朋友秋帆先生在扇面上题诗一首：“上林佳处午桥边，半染红霞半著烟。记得曲江春日里，一枝曾占百花先。”后来王夫之拿着这把扇子经过京口，太守王梦楼看到了，又在扇上题诗云：“桃花一数艳猩唇，独占名蓝似海春。误入溪流原有路，重来门巷景物人。迷离夕照红如梦，怅望天涯绿少邻。我愿大千花世界，有花开处尽诠真。”一把扇子在不同友人的手中写出各自气象，同时，扇子也发挥着其特殊的交际功能。扇子的主人带走了朋友在扇面上留下的才华与墨宝，以及其中所寄托的朋友的情谊，反映出中国古代文人的风雅生活。

郑板桥有一扇面，一竿雨竹，数片叶子，扇上题诗云：“敢云少少许，胜人多多许。努力作秋声，瑶窗弄风雨。”郑板桥的这一扇面构图至简，用来表现秋风秋声恰得其所。再配上这首诗，少亦是多，少而胜多。

近现代以来，人们对于扇面诗画的创作、欣赏、收藏的兴致依然不减。白石老人喜欢在扇面上作画，也常常在扇面上题写诗文，他曾在扇面上题词：“挥扇可以消暑，着裘可以御寒。二者，须日日防，任世人笑我癫狂。”他用扇面之语表明了自己傲然面对世态炎凉的生活态度，所以扇面的诗文也是书画家们自我标榜的一种方式。

现代著名画家徐悲鸿尤善画马，同样，他也将奔马画到了扇面上，虽是尺幅面积，却有飞奔出画面，至千里之外的气势！郭沫若曾题徐悲鸿奔马扇面云：“风尘踏破谁知己，其性由来是不羁。”郭老所赞叹的不仅仅是画中奔马的神采，更是徐悲鸿本人高标傲世、狂放不羁的个性！

徐悲鸿　奔马扇面图

古语云：“文不离扇，武不离刀。”中国古代文人挥扇清谈，指点江山，诗书画合璧的扇面表达着他们对于精神世界的至上追求。扇面虽小，但却具有极高的艺术价值。2011 年，张大千所绘的成扇《萧疏红叶艳于花》曾拍出 761.6 万元的高价，而在 2013 年的北京保利艺术品的拍卖中，唐寅的一幅《江亭谈古图》扇面最终以 1150 万元的高价成交，这也是成交价最高的单面扇面作品。扇面艺术展现着文人的自我情怀，是他们观察和表现世界的小小窗口，更传承着中华文化的高雅审美品位。

明代 唐寅 江亭谈古图

三、翻飞之美——戏曲之扇

戏曲在我国起源很早，唐宋时期已初具规模。从现有史料所载，扇子作为道具进入戏曲，始于宋代。作为我国传统文化的重要组成部分，戏曲的表现形式丰富多样，融合了音乐、舞蹈、对白、武术等多种表演形式。由于戏曲表演的需要，往往讲究以虚为主、虚实结合，这就需要借助不同的道具来表现丰富的剧情，扇子便是戏曲舞台中非常重要的道具之一。扇子对戏曲中人物的性格、气质、风度、心理、神态起衬托作用，对整个戏曲剧情起着适时的推动作用。戏曲作品《桃花扇》《沉香扇》《芭蕉扇》等均是与扇子有着密切关联的艺术作品。

有扇如无扇，用扇不见扇

扇子与戏曲表演有很深的渊源，早在宋杂剧表演中，就已经在使用扇子了。戏曲演员需要深刻把握人物的性格特征和剧情发展，在情节不断推进的过程中，借助扇子来抽象、含蓄、委婉地表现人物形象。20世纪30年代，著名艺术家梅兰芳先生为了演好《贵妃醉酒》这出戏，专门派人去杭州定做了一柄湘妃竹折扇，扇面用金箔裱好，上面绘着引人注目的艳丽逼真的牡丹花。表演中，他手持折扇尽情挥洒，把杨贵妃雍容华贵、婀娜多姿的仪态表现得惟妙惟肖、淋漓尽致，一时轰动剧坛。一把小小的扇子在戏曲舞台上产生了不可替代的表演效果，它在才华横溢的艺术家手

梅兰芳《贵妃醉酒》

中变幻无穷，出神入化，表现出言有尽而意无穷的韵味。

戏曲表演中有四种非常重要的艺术表演手段，也称为四功，即我们常说的唱、念、做、打，扇子功就是其中的做功。扇子功在戏曲中有遮、挥、托、合、抖、转等基本舞台动作，通过这些丰富多样的舞台表演形式，配合人物的眉目身段，呈现出形式多样的扇花表演，以表现人物丰满生动的艺术形象。戏曲中的扇子表演，也有出于技巧性的需要，如演员借助一把折扇遮脸，刹那间变换出各种不同脸谱的川剧变脸。

扇子在舞台上也可以作为一种虚拟的道具使用，如将扇子当作毛笔、书信、茶盘、刀枪等虚拟化的使用。由此可见，扇子与戏曲的关系非常紧密，可以说是戏曲艺术表演中的“万能道具”。为避免卖弄才艺之嫌，传统戏曲表演中向有“有扇如无扇，用扇不见扇”的要求，这就对演员的表演提出了更高的标准，人与扇要做到合二为一，扇子成为演员肢体语言的一部分。

观扇识人，妙不可言

戏曲演员在表现人物、创造角色时，重在通过肢体动作来表现多种舞蹈语言，以便淋漓尽致地展现出不同人物丰富的内心世界。同样是扇子功，用在不同年龄、不同身份、不同性格的人物身上，表现形式和艺术效果截然不同，或是含蓄温婉，或是轻佻肤浅，或是急躁粗暴，或是英武豪气。观众通过一把小小的扇子，就可以把舞台上的人物形象、性格特征判断一二，帝王将相、平民百姓、才子佳人，以及贫富贵贱、善恶忠奸、高雅恶俗都在一把扇子的衬托下，表现得淋漓尽致。而扇子在戏曲中的作用具体可以概括为塑造人物形象和推动情节发展等方面。

戏曲舞台上手持羽扇的诸葛亮形象

扇子在戏曲塑造人物形象方面起着画龙点睛的作用。戏曲舞台上常见的扇子有折扇、羽扇、鹅毛扇、芭蕉扇等，欣赏戏曲中许多人物的身份、地位、性格等，可以用“观扇识人”的方法来进行判断，不同种类的扇子代表着不同身份、性格的人物形象。

皇后出场，用的就是“龙凤掌扇”，由宫女手持，随侍在皇后身边，衬托出皇后威仪高贵的至尊地位。

谋士、军师则手持白羽扇，这方面最典型的形象莫过于戏曲舞台上的诸葛亮了，他足智多谋，运筹帷幄、决胜千里。在戏曲舞台中常见其手持白羽扇，淡定自若，指挥众军，最终成就刘备一番事业。舞台上的白羽扇不仅反映了孔明情感心理的细微变化，而且成为一代军师身份和智慧的象征。

舞台上的千金小姐、年轻闺秀出场时常用的是团扇，象征了东方女性含蓄、温婉、贤淑的美好形象，如《西厢记》中崔莺莺和红娘等都用的是绢质团扇。

农妇、媒婆、差役、轿夫等社会的底层人物大多拿的是蒲扇，与他们的身份相吻合。

此外，还有一些个性诙谐幽默的形象，如舞台上的济公，往往衣衫褴褛，手拿一把破破烂烂的蒲扇，惩治强梁、济世安民，为世人展现了一位嬉笑怒骂、心系苍生的活菩萨形象。此外，还有戏曲剧目《扫秦》中的疯僧等，也是手持一把破烂的芭蕉扇，由此来表现人物的善良诙谐、滑稽可爱。

戏曲舞台中不仅借不同种类的扇子来象征人物身份地位的高低，还通过人物使用扇子动作的不同，来表现人物之间大相径庭的性格气质。戏曲界有“文胸、武肚、媒肩、书臀”的经典理论，也就是说，文人墨客、风流才子一般温文尔雅，举止斯文潇洒，是将扇子轻轻摇动于胸前，叫作“文胸”；武力高强、雄武之士，往往不拘小节，昂首挺胸，席地而坐，使用扇子时则用力摇动胳膊，猛扇肚腹，称为“武肚”；媒婆之类，阿谀逢迎、谄媚扭捏，使用扇子时，习惯右手拿扇来扇左肩，突显其谄笑卖俏的做作丑态，称作“媒肩”；迂腐的老学究，昼夜与板凳为伴，酷暑之日，汗流浃背，高温难耐，频繁用扇子扇着沾满臭汗的裤子，称作“书臀”。由此可见，从舞台上出场的人物所持扇子的品种和使用扇子的动作，就可以把人物的社会地位、经济条件、文化素养、性格气质窥见八九。这正是人们常说的：“文胸武肚轿裤裆，瞎目媒肩奶肚旁，道领青袖役半扇，书臀农背秃光郎。”

戏曲表演中，往往有商人、衙役、农民、僧尼等各种人物出场，大家用扇也是各取所需，除了纳凉的需要，还要引起观众的注意，如：盲人用扇扇眼睛来向观众提示其身体特征；《红楼梦》中“晴雯撕扇”一幕通过扇子表现人物内柔外刚、泼辣倔强的性格特征。

中国传统戏曲的四大行当是生、旦、净、丑，四

川剧《晴雯撕扇》

大行当都有扇子表演的方法、技巧和套路。扇子作为不同行当人物出场的特定道具，起着陪衬人物、辅助表演的作用。根据戏曲人物身份、性格和剧情情境的不同，扇子有着不同的表现形式，有时侧重于戏曲人物持扇的动作，有时偏重于扇子和戏曲舞蹈结合的高超技能，由此构成了丰富多彩、变幻多姿的表演形态，给戏曲舞台创造了美轮美奂的艺术效果。以戏曲中最为常见的折扇为例，四大行当都有使用，只是扇子的大小和戏曲人物使用扇子方法不同而已。

小生戏中使用折扇的居多，因此还专门有“扇子生”这一行，一般都是气质儒雅、潇洒倜傥、风流俊雅的饱学书生，如《红娘》中的张生、《三堂会审》中的王金龙、《拾玉镯》中的付鹏等，一扇在手，便玉树临风、风度翩翩，随着扇子在人物手中不断地展、合、遮、翻、扬，表达了人物细腻的情感变化和丰富多彩的剧情，呈现了一幅幅美不胜收的画面。

旦角中用折扇的多是宫中嫔妃、官宦小姐，扇子较小，扇面画着牡丹花和梅花，衬托人物的美丽贤淑、端庄静雅，如《游园惊梦》中的杜丽娘、《贵妃醉酒》中的杨玉环等都是手持折扇。苏昆的青春版《牡丹亭》中，把歌、舞、戏融为一体，折扇在人物手中变幻出多种造型，随着人物婀娜多姿、美不胜收的舞步虚拟

《牡丹亭》剧照

出姹紫嫣红、春色满园的春景；舒缓轻柔的扇形手势衬托出人物顾影自怜的伤春之情，整个戏曲融抒情、歌舞、写意于一体，达到了形式美与内容美的高度统一，充分体现了中国古典艺术之美。

净角大多性格豪放粗犷、大气豪迈，不拘小节，所以，与生行、旦行有所不同，净角手中的折扇扇形较大，舞台风格也截然不同，如京剧《艳阳楼》中，高登头戴大红玫瑰花，身着大红衬褶，外加白团花褶子，袒胸露怀，扮相粗俗不堪、凶神恶煞，特别是他手中持着一把绘有山水和大朵牡丹花的特大折扇，暗喻着人物爱好女色的特征，格外引人注目。扇子在人物手中翻来覆去，大开大合，打坐时立于腿上，骑马时插入衣领之内，以扇喻人，把一个淫贼恶

京剧《艳阳楼》中的高登形象

少、恶俗粗暴的人物形象表现得酣畅淋漓。梆子戏《张飞闯辕门》中，张飞不满诸葛亮掌管帅印统领三军，他手持一把大黑折扇，闯到辕门，说唱结合取笑军师，道出满腹牢骚。手中的折扇则上下摆动，变换成各种不同的造型，随着人物的身段动作，收放自如，刚中见柔，粗犷中潜藏着细腻，把一个耿直率性、鲁莽可爱的性情中人活脱脱地展现出来。没有扭捏，没有做作，活泼自在，畅快自然，在戏曲舞台上留下了经典永恒的一幕。

丑角也有用折扇的，如京剧《法门众生相》中，贾贵用大中小三把折扇来尽情挥洒，他用特大的折扇伺候太后，满脸媚笑；用稍大的折扇逢迎千岁，满脸阿谀；用最小的碗口般的小扇自娱自乐，满脸得意。人物隐秘而又真实的内心世界表露无遗，谄上欺下的“奴才相”刻画得入木三分，活灵活现。还有如《乌龙院》中的张文远、《升官记》中的徐九经、《打渔杀家》中的大教师、《四进士》中的刘二混、《三岔口》中的刘利华等皆是如此，他们手持折扇，以扇子来表现各自复杂的内心活动和鲜明的性格特征。

扇随戏而动，戏因扇不同

在很多戏曲作品中，扇子都起着推动戏曲剧情发展的作用，暗喻戏曲人物的心情、性格和命运。如戏曲《桃花扇》中，作为定情之物，侯方域给了李香君一把扇子，后来，李香君为抗拒权奸以死明志，血染扇面，杨龙友大为震惊，有感而发，画成一柄桃花扇，表现了封建社会中的女性不屈服于命运，大胆反抗的精神。“桃花扇底送南朝”，一把扇子写尽了世事的沧桑、历史的兴亡，以扇为镜，令人警醒。

戏曲《桃花扇》剧照

还有戏曲《西厢记》中，张生看完崔莺莺的亲笔书信“待月西厢下……”之后，又惊又喜，剧中露出扇面上画着的那朵火红的牡丹花，反映了男主角兴奋激动到无以复加的狂喜之情。

在一些剧目中，扇子还直接成为推动剧情发展的重要道具，如戏曲《秦香莲》中宰相王延龄得知陈世美抛弃自己的发妻后，把自己的折扇交给秦香莲，要她去开封府状告丈夫；《乌龙院·刘唐下书》中，作为回信，宋江把自己的折扇交给前来送信的刘唐，让他带回梁山。如果没有扇子的出场，恐怕这些剧目就无法完成剧情的发展了。

河南豫剧佳作《唐知县审诰命》中，知县唐成把“当官不为民做主，不如回家卖红薯”的人生信条书写在扇面上，时刻伴随自己身边，用那把小小的折扇表明自己为民做主、刚正不阿、秉公执法的为官之道。当飞扬跋扈的诰命夫人目无王法大闹公堂时，唐成金刚怒目、拍案而

豫剧《唐知县审诰命》剧照

起，高举折扇，掷地有声地念出自己的座右铭，并依照国法把诰命夫人立即拿下治罪，令人拍手称快！著名豫剧演员牛得草先生曾饰演知县唐成，他用折扇表演出三十余种姿态，对整个剧情起到很强的推动作用，营造出跌宕起伏的艺术效果。

扇子作为戏曲中一个非常重要的元素，深蕴中国传统文化的营养，在戏曲这个大舞台中，尽情展现自己的审美魅力和审美价值。

中华扇文化源远流长，传播广泛，从先秦到当代，从东方到西方。直到今天，我们的国家领导人还将扇子作为外交赠送的国礼。扇子是日用之物，也是“怀袖雅物”，它在为人们带来清凉的同时，也是文人们书写怀抱的方寸天地。美丽的扇子还演变成为象征帝王尊严的仪仗扇，装饰宫廷女性发型的扇形饰品，古典园林的扇形窗，以及舞台上具有多种象征意义的道具。一把扇子，几多变迁，几多风情，可谓风动几案存天地，扇舞千年续新篇！在提倡民族自信和文化自信的今天，扇子所具有的独特的中国古典美学风格显得尤为宝贵，值得世人珍视。

第三章　中国锁

一、结绳与绳结——锁之源

绳结锁的出现

锁的雏形——绳结锁的出现，可以说是历史选择的结果。绳结锁的前身便是绳结，原始先民选择用绳作为一种工具去做很多事情，如我们现在耳熟能详的结绳记事、结绳之政等。由《尚书正义卷一·尚书序》中“古者伏羲氏之王天下也，始画八卦，造书契，以代结绳之政，由是文籍生焉”可知，“结绳之政”是在伏羲氏之前。伏羲氏何许人也？他是传说中的古代帝王，华夏太古三皇之天皇，女娲的哥哥，与女娲一起被尊为人类始祖。从这里我们可以看到，绳子是伴随着人类文明一起产生的。

据有关专家研究，在华夏文明的形成期，当时的人们就已经开始崇拜绳子。至于原因，被归结为以下几点。第一，“绳”和“神”是谐音，当时的人们因为处于蒙昧时期，对于未知的事物和自然界都充满着恐惧，因而需要寻求一个强大的存在来保护自己，另外也有对于生产和生活中比较重要的东西的一种潜在的保护意识，正是在这个意义上，产生了图腾崇拜，对于绳子的崇拜也是如此。第二，宋人李昉等所编《太平御览》卷七十八中讲道：“《风俗通》曰，俗说天地开辟，未有人民，女娲抟黄土做人，剧务，力不暇供，乃引绳于泥中，举以为人。”可见，在上古先民的观念中，大多数的人都是借助绳子这一工具用泥土造出来的，因而绳子有造人之功，所以被崇拜。第三，绳子酷似龙的形状，中华民族作为龙的传人，早期先民崇拜绳子也是顺理成章的。

关于上古先民使用绳子的证据，最早的是山西朔县峙峪遗址中发现的石箭镞，此遗址距今两万八千年，属于旧石器时代晚期。经相关专家证明，此箭镞上面有用绳的痕迹。这个发现具有十分重要的意义。其一，它证明了中国在旧石器时代的晚期就已经在使用弓箭；其二，可以从侧面证明当时人们已经开始运用绳结来制造弓箭狩猎。

觿（xī）——解结亦明德

与绳结的出现相伴随的便是如何快速地解开绳结。可以肯定的是，起初先民们对于解结并没有特别好的办法，或拉扯或破坏，那样的情形，是可以想象的。之后先民们经过不断探索，最终选择了用兽牙、兽角这一类物品来解结。于是，绳结锁的专用钥匙——觿就产生了，觿产生的时间略晚于绳结锁。从目前的考古发现来看，在山顶洞人的遗址中，就发现有觿的存在，随后经历了数千年的发展演变，到东汉前后，觿才逐渐淡出人们的视野。

由于当时绳结被广泛地运用到生活的各个方面，解结是常有的事情，于是先民们为了方便起见，就在觿上钻个小孔，用绳子穿起来挂在身上，以便随时去解结。从相关史料也证明了我们的推测，最初的觿，其实就直接取材于兽牙、兽角，其形制是一端较宽，适合手握，一端较尖，用来解结。宽的那端一般会有一个打磨的小孔，方便串起来随身携带。

觿的材质有很多，从刚开始的兽骨、兽角到之后的青铜材质再到各类玉石材质都有。不过就目前的考古发现来看，玉质的觿是最多的。如江苏张陵山遗址中出土的玉觿，可谓新石器时代具有代表性的玉觿。

该玉觿为软玉的一种，主要材质是透闪石，器身呈淡绿色的光泽，并略带褐色的斑点。器体呈扁平状，器身有三处镂雕。此件物品也是我国目前为止发现的最早的镂雕玉器之一。

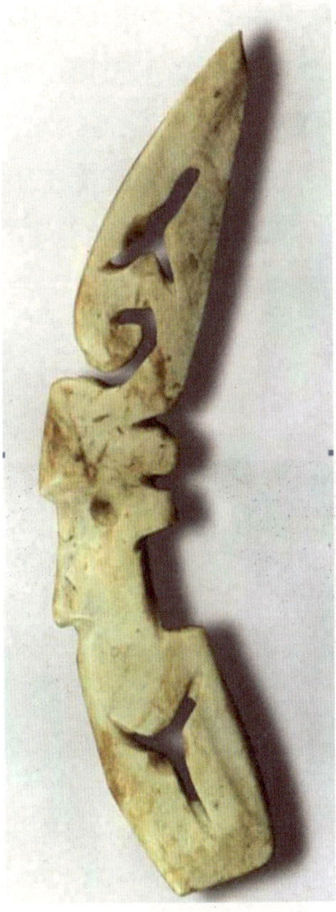
江苏张陵山遗址中出土的玉觿

在西周前后这一时期，现阶段考古发现的玉觿并不是很多，仅存的几个大约分布在山西、陕西和江苏等区域，如山西曲沃的晋侯墓曾出土了一件西周时期的玉觿。玉觿整体呈龙形，一端较宽，但是另外一端并不十分锋利，宽的那端的龙嘴部位钻有一个精致的圆孔，这件玉觿的配饰功用可能更加突出。而陕西省长安区张家坡出土的西周玉觿，尾端却十分尖细，应具有解结和佩饰两种功能。从整体来看，这一时期的觿已经开始渐渐脱离日用品功能，并且出现了专门的具有象征意义的器物。从纹饰上看，这一时期以龙纹居多。

到了春秋战国之时，玉觿的器物形态和雕琢技艺有了很大的变化，出现了很多形神兼备的玉觿，如安徽长丰出土的玉觿，一端雕有镂空的龙头，一端是尖细的龙尾，器物整体犹如一条威严的神龙跃然于眼前。还有成对的玉觿出现，如浙江地区出土的龙形玉觿。以上的这些变化和当时的雕刻工艺的进步有一定关系。当然，与审美风格的改变关系更为密切。

台北故宫博物院收藏的战国龙形玉觿

到了西汉，玉觿的制作工艺更为复杂，器物形态也越来越多样化，其作为佩饰的功能被大大强化，成为当时贵族们比较流行的腰间佩饰，而其解结的功能已经被边缘化。如江苏扬州甘泉“妾莫书”汉墓出土的龙形玉觿，一端用细阴刻线勾勒出龙体，加上镂空设计；一端仍保留尖细的龙尾，整体简洁大方，却又韵味十足。西汉中晚期的时候，玉觿的形状已经不再保留解结的功用，如徐州博物馆所藏的西汉中晚期龙形玉觿，器形从头到尾都更加突出龙的形态，所以该玉觿龙首部的刻画大胆夸张，中部弯曲，尾部上翘，可见已经完全被当作饰品。东汉以后，目前尚无相关的考古信息，从这一侧面也可以看出佩觿在当时已经式微，并已逐渐退出了历史舞台。

觿的出现，本来是用来解结，但是随着时代的发展，觿的实用功能逐渐淡化，而文化内涵越来越浓。

觿是一个人成人和具备德行的标志。这个内涵，从西周开始就一直延续了下来，这是觿最为重要的内涵。如《诗经·芄兰》中写道：“芄兰之支，童子佩觿。虽则佩觿，能不我知。容兮遂兮，垂带悸兮。”对此诗的解读直到现在也是争议纷纷，没有一个统一的理解，有的认为是讽刺诗，讽刺惠公的骄奢无礼；有的认为是爱情诗，展现了一位多情女子对于所爱男子的复杂心情；也有认为是儿童诗，凸显了儿童佩戴上大人才能戴的觿，装小大人儿的各种滑稽可笑的场面。以至于大学问家朱熹也没办法判断这首诗到底诉说了什么，最后说了句："此诗不知所谓，不敢强解。"不过朱熹虽然对诗意没有给出解释，但还是解释了"觿"在此处的意思，即成人之佩。而上面不论哪种理解，也是把诗中的"觿"理解为成人之佩，在这一点上毫无争议。在此，佩觿就是成年人的一个标志。

另外在古代，成人和德行之间是有着深刻的内在联系的。对于古人来说，要求从小便开始修养自己的德行，这也就是孔子所说的"古之学者为己"，"为己"即要求从自己出发，先做好自己。在这里，孔子所强调的是主体道德上的自我实现。事实上，儒家"为己"的目的在于"安人"，如孔子说："修己以安人。"（《论语·宪问》）这就把"为己"与"成人"联系了起来，意味着本体超越了自身而指向了群体认同。可见"为己"的目的在于实现自我的内在价值，最终以成人，即成就自己的理想人格。而佩觿，正是这样一个可以沟通个人和群体的媒介。

玉觿发展到最后，它的解结功能已经逐渐淡化，所彰显的主要是其文化内涵。这一点，从上面《礼记》中的文字就可以得到相关的信息，即古之君子"必佩玉”,除非是遇到丧葬之事,否则玉是不会离开身体的。《礼记·聘义》中记载了孔子讲玉与君子关系的一段话，他从“仁、知、义、礼、乐、忠、信、天、地、德、道”等十一个方面，对玉与君子之德的关系做了全面阐述，由此可见，古人对于玉的喜爱，更多的是基于道德和精神层面的需要。因此，如果一个人佩带玉觿，它既是对佩戴者德行的证明，同时也表达了佩戴者希望在处事之时能如玉般温柔敦厚,体现出君子之“仁”;在解围之时思维如玉的质地般缜密，虽有棱边而不至于割伤别人，体现出君子廉政宽厚的“义”。加之玉的表面光泽与瑕疵并存，而瑕不掩瑜，也体现了君子表里如一的品格。

绳结锁种种

随着历史的发展,绳结锁的有些功能已经消失了,而有些则从古到今一直延续了下来。据相关材料记载,留存下来的绳结锁被用来当作房门锁、马缰绳锁、箱包锁和刑具锁。

用绳结锁作为房门锁，运用并不普及，只是在个别的地方会出现用绳结锁来锁房门，如自家庭院的房门，或者山间隐居者的居所，一般无外来者打扰，所以用绳结锁把门带上即可，这样可以防止动物进入，而如果有客人来拜访，客人也可以自己解开绳结进到家里，而不必在门外等待。

缰绳锁，即缰绳，主要是用来拴牲口的，常见的如马缰绳、牛缰绳等，这种绳结的用法，从古代一直延续到了现代。此外，绳结用于箱包的历史相当久远。其实从绳结出现开始，其主要作用便是捆绑，对于箱包也是如此。如《庄子·胠箧》中讲道："将为胠箧、探囊、发匮之盗而为守备，则必摄缄縢、固扃鐍。"箧（qiè），就是箱子的意思，摄即打结或者收紧的意思，而缄（jiān）、縢（téng）都是绳索的意思。可见在庄子所处的战国时期，箱包锁还是以绳结锁为主，不过在金属锁具出现之后，人们便开始选择更加安全的金属锁具作为箱包用锁，绳结锁在箱包上的使用也渐渐消失。

值得一提的是刑具锁，刑具锁在古时被称为徽纆（mò），特指拘系罪的用具。一般三股的绳子被称为"徽"，两股的绳子则叫"纆"，其实二者都是绳索的意思。绳索用于刑具的历史，从原始社会末期便已经开始，直到现代仍在继续使用。

其实从现代人的角度来看，绳结锁是很不安全的，因为它太容易被解开了。然而，绳结锁在当时更多的则是一种暗示或者说明，比如用绳结锁来锁门，更多是在告诉大家一个信息，这里的东西是私人所有，你不能随意进入拿取。如果你需要获得财富，那就通过你自己的努力去取得。如孔子在《论语·里仁》中所讲："富与贵，是人之所欲也；不以其道得之，不处也。贫与贱，是人之所恶也；不以其道得之，不去也。君子去仁，恶乎成名。君子无终食之间违仁，造次必于是，颠沛必于是。"上面这段话简单来讲，就是我们现在经常说的"君子爱财，取之有道"，那么这个"道"到底是什么呢，在孔子看来，那就是"仁"，但这个"仁"并不是凭空具有的，而是在不断修养自身的基础上得到的，并且这种修养自身的功夫在任何时候都不能间断，最后才能成就君子之仁。所以，绳结锁的使用可以看作是对那个时代的君子之道的一种反映，就像人们所共同向往的"路不拾遗，夜不闭户"的理想世界，它需要的是一个品德高尚的群体去创造与维护。

二、千般锁风情

中国古代锁具造型多样，大致可分为人物类、动物类、植物类、乐器类、生活用品类、文字类和特殊类等，它们通过立体造型或者平面造型展现出来。立体造型是将锁具整体制作成某种动物、植物等形状，而平面造型则是在锁体表面镌刻相应的图案。

人物类造型锁

人物类造型锁以八仙、刘海戏金蟾、福禄寿三星、和合二仙等较为多见。

“和合二仙”又称“和合二圣”，是民间传说中的和合、欢喜之神。相传，最早的和合神是唐代一个叫万回的人。万回的哥哥远赴战场，父母常因挂念长子而哭泣，万回遂往战场探亲。万里之遥，朝发夕返，因此被称为“万回”，民间也俗称其为“万回哥哥”，

人物造型锁

以此来表达家人和合的意思。后来，人们觉得万回一人为和合神也有不妥，加之《周礼地官媒氏》早有记录："使媒求妇，和合二姓。"男女两姓结为夫妇，和睦同心，合好相谐才是和合的正解，和合神应是一对双圣，因此，关于和合神也便有了新的传说。唐贞观时，江苏留垒村有个孤儿叫拾得，给地主放牛拾柴火。偏巧，正南三里的双蓬头村也有一个孤儿，叫寒山。他俩经常一块放牛放羊拾柴，感情深厚。寒山年稍长，成婚之前得知拾得和自己共同钟情一个姑娘，为了不夺人所爱于是便出家为僧。拾得因此过意不去拜访寒山，以一枝盛开的荷花作为礼物，寒山见拾得前来，捧着食盒出门迎接，两人都对佛法心生向往，于是决定阔别红尘、一同修行。苏州寒山寺今存寒山捧着饭盒、拾得举着荷花的石像，民间也称之为“荷盒二仙”，代代相传。到了清代，寒山被册封为“和圣”，拾得被册封为“合圣”，更成为民间公认的婚姻和合神。人们绘图、模塑其形象，用以祝吉。蓬头笑面的和合二仙光着脚，一人拿着盛开的荷花，一人捧着盖盒（或一如意、一珠宝），寓意和（荷）谐合（盒）好。所以此锁多于婚礼时陈列悬挂，或常年悬挂于中堂，以图吉利。

动物类造型锁

动物类同样分为立体和平面两种造型。主要有龙、凤凰、龟、鹤、喜鹊、蝴蝶、蝙蝠、麒麟等。

龙形锁

在中国传统文化中，龙具有神奇的能力，变化多端，能兴云布雨，消灾降福，济度众生。龙锁多见于皇室，也多用作礼器。它被认为是权势、高贵和尊荣

龙形锁

的象征，也是幸运和成功的标志，不论中国民间，还是历代的统治者，都视其为吉祥之物。

凤凰形锁

凤凰在中国文化中的地位仅次于龙，象征着和平

凤凰形锁

与美好。凤凰造型的锁具在古代常被用作男女之间的定情信物，同时佩戴凤凰锁，还可以保四季平安，长命百岁。

龟形锁

龟是中国古代“四灵”[1]中唯一的实存之物，被认为可以通晓人情善恶，后又象征长寿。另外，龟被认为具有预测吉凶的灵性，也是人与神交流的媒介。上古神话中有女娲补天，以鳌足撑起四极，鳌便是传说中海里的大龟，因此，龟还蕴含有平稳、稳定之意。

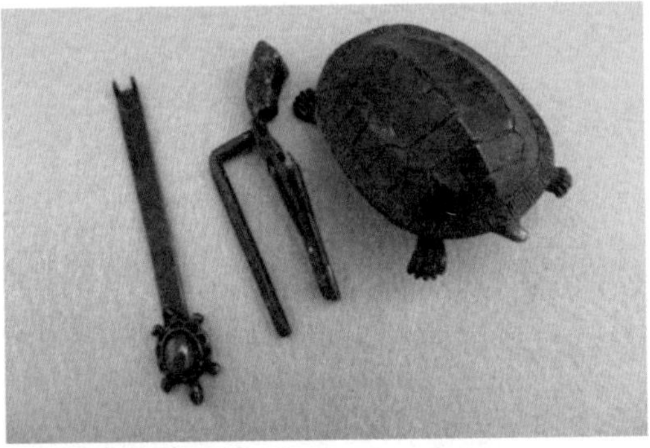

龟形锁

麒麟形锁

麒麟是中国古人创造出来的虚幻动物。雄性为麒，雌性为麟，其外形和鹿相似，头上有独角，全身都是鳞甲，尾巴和牛尾相似。古人把那些备受人们珍爱的动物所具备的优点全部集中在麒麟身上，反映出古人的“集美”思想。早在青铜器文化时代，就有铜雕麒麟。在中国传统民俗文化中，麒麟是仅次于龙的祥瑞之兽，与凤、龟、龙共称为“四灵”，是神的坐骑，代表吉祥。西凉武昭王《麒麟颂》曰：“一角圆蹄，行中规矩，游必择地，翔而后处，不蹈陷阱，不罹罗罟。”《宋书·符瑞志》曰：“含仁而戴义，不饮池，不入坑阱，不行罗网。”这些记载中的麒麟是一种有着宽广的胸怀，乐善好施，礼貌谦虚谨慎的动物。相传孔子降生的前一天晚上，家里突然来了一只麒麟，第二天伴着一阵婴儿的啼哭声，先贤圣人孔子便出世了。对于久婚不育的人来说，麒麟是能带来好消息的送子神兽，

麒麟形锁

有“麒麟送子”一说。古人把锁制成麒麟的造型，也正是因为麒麟的这些品格特征，而这种特点恰好又与儒家“仁”的思想核心相符合。

由于麒麟是神话传说中的瑞兽，现实中并不存在，所以人们就让这种寄托着精神意愿的神兽附着在日常生活中所使用的器物上，有麒麟锁相伴，吉祥和好运也会随之而来。

鹤形锁

鹤性情高雅，形态美丽，素以喙、颈、腿“三长”著称，被称为“一品鸟”，地位仅次于凤凰。它还跟仙道和人的精神品格有密切的关系。古人把修身洁行而有时誉的人称为“鹤鸣之士”。鹤又是长寿仙禽，后世常以“鹤寿”“鹤龄”“鹤算”作为祝寿之词。传说中鹤常为仙人所骑，老寿星也常以驾鹤翔云的形象出现。鹤锁正是满足了人们对鹤所代表仙学文化的精神需求。

喜鹊形锁

喜鹊形锁的形制一般会模仿真正的喜鹊，所以整个锁具看上去栩栩如生。之所以以喜鹊为造型，是因为在中国的民间流传着这样一种说法：如果早上起来听到有喜鹊的叫声，就预示着将有喜事登门。另外中国古代的民间传说中有牛郎和织女的爱情故事，他们每天隔着天河相望，只有每年的农历七月初七这天，才会有成群结队的喜鹊搭桥帮助二人团聚。由此还产生了“鹊桥”一词，代指连接男女之间良缘的各种事物，而喜鹊也被民间认为是代表吉祥、幸福的幸运鸟。因此挂把喜鹊锁在门上，寄托着人们对于美好生活的强烈向往。

牛形锁

这也是民间常见的锁具。牛这一形象，可谓是深入人心，特别是在民间，因为人们在劳作时是离不开牛的，如耕作和拉车，都是和牛有关系的，还有牛的性情温顺，吃苦耐劳，长期以来，人们对牛是有着深厚感情的。另外，中国民间流传着这样一个说法，当年大禹治水的时候，曾投石牛入水，用来镇压水患。到了唐代的时候，为稳固位于山西省永济市蒲津渡口上的蒲津浮桥，曾铸大铁牛，据说是用来镇水妖，不过那只是民间传说而已，代表的是人们的一种平安吉祥的愿望。

另外，从周朝开始，民间就有了“打春牛”的迎春活动，《周礼·月令》云：“出土牛以送寒气。”

牛形锁

这项活动从先秦开始，唐宋时期尤为盛行。这一风俗的内容是每到孟春之时，人们抬着泥塑的土牛，并执鞭以示催促，所表达的是鞭策春耕之意。可见，对于以农业耕作为主的中国传统社会，从传说到民俗，都能看出人们对于牛的深厚感情。其实，这不仅仅是人们对于勤勤恳恳、任劳任怨的耕牛精神的认可，更是凸显当时人们对于生活的认真踏实的态度和对于风调雨顺、五谷丰登的强烈期盼。也正是基于这些原因，民间常把牛的形象用于锁上。

蝙蝠形锁

蝙蝠由于样子不太好看，又栖息在黑暗的洞穴中，因此对于现代人来说，大多都不怎么喜欢这种动物。

其实，蝙蝠在中国传统文化中是极具吉祥寓意的。不仅适用范围特别广，常见于各种日常器物和装饰品中，而且寓意十分的丰富。因为蝙蝠的“蝠”和“福”谐音，因此蝙蝠常被中国民间看作福气的象征。另外蝙蝠昼伏夜出，十分神秘，所以民间传说认为它十分长寿，于是又把它和长寿联系了起来。民间常用五只蝙蝠来代表“五福”。其中有“五福捧寿”，即五只蝙蝠围绕着“寿”字或围绕着一个仙桃，有多福多寿的寓意。还有“五福和合”，即从一个盒子里飞出来五只蝙蝠，或者和合二仙和五只蝙蝠一起嬉戏，寓意夫妻生活和谐美满。

可见，蝙蝠在中国古代常被认为是幸福、长寿和

蝙蝠形锁

福气等的象征，而锁即代表着“锁住”或“留住”，因此人们用蝙蝠的形状制作锁具，一来因为蝙蝠有着诸多的吉祥寓意，二来由于蝙蝠对于方向的敏感，这里代指人们追求幸福生活的目标之意。

植物类

植物类锁具有百合、灵芝、萱草、荷花、芙蓉、佛手、梅、葫芦以及叶片等形状等。

梅花桩形锁

这类锁造型比较奇特，整体来看犹如一个树桩。同时因为上面刻有一朵朵梅花，所以被人们称为“梅花桩锁”。中国人自古喜爱梅花，所以梅花造型被运用在锁具是很自然的事。古人认为梅有四德：“梅蕊初生为元，开花为亨，结子为利，成熟为贞。物生为元，长为亨，成而未全为利，成熟为贞。”（朱熹《朱子语类·卷六十八》），“元亨利贞”表达的意思是从初始到终结，一生顺利，交好运。风愈冷，雪愈厚，梅花愈是挺立枝头，开得欢实。

梅傲霜雪的特性常来比喻人坚强、不屈不挠、不轻言放弃、高风亮节的品格。根据梅花绽放五片花瓣，亦有梅开五福之说[2]，象征快乐，幸福，长寿，顺利，和平。鉴于此，人们制成梅花桩锁，在发挥锁具安全功能的同时，托物言志，希望自己人生在世，能像梅花“斗严寒，傲霜雪”那样坚忍不拔、自强不息，以期获得幸福美好的生活，表达了对于福寿、顺利的向往。

葫芦形锁

锁形为葫芦，是由于葫芦在中国传统文化中有着深刻的内涵，人们用它来消灾避祸、纳宝祈福。一则，葫芦肚大籽多，借喻子孙万代、生生不息；二则，葫芦谐音“护禄”“福禄”，寄寓了人们升官发财、好运连连的愿望；三则，古代“合卺”酒中“卺”就是葫芦，象征夫妻和谐、家庭美满。“瓶”意为平平安安，葫芦和瓶组合在一起，即为大吉大利、运

景泰蓝葫芦形锁

好福多。将锁制作成葫芦瓶的造型，便于实用和把玩，美好的生活就攥在自己手里，是人们希望生活更加美好的反映。

图中的景泰蓝葫芦形锁正面刻有“寿”篆文字图与“通宝”纹样，寿在上，钱在下，寓意身体健康是创造财富的前提条件。多福者亦多寿，有了健康才能创造更多的财富，古人把这样的道理表现在锁上，颇有一番深意。

其他类

花瓶形锁

生活用品类的锁具造型也有立体和平面造型之分，其中花瓶锁较为常见。瓶与平同音，寓意平安、平稳、平和，是家国兴旺的根本。

花瓶形锁

文字类造型锁

文字在锁具上也经常出现，一般为平面造型。常用的文字有：福如东海、金玉满堂、状元及第、梅开五福、五子三元、万事如意、百年好合、五世其昌、百子千孙等等，另外也有单个的文字，如喜、福、禄、寿字等。

中国传统锁具的多样造型，彰显了古代劳动人民的智慧和创造力，体现了当时人们对幸福、美好生活的追求。

刻有“金玉满堂”字样的文字类造型锁

三、何物锁同心——锁的吉祥文化

中华吉祥文化

在经历几千年历史变迁、风雨沧桑的过程中，中华民族把各种吉祥物和吉祥符号作为表达对美好生活向往的方式之一。数千年以来，吉祥文化渗透进人们生活的各个角落，融入了中国人思想与血脉当中。无论是店铺开张、结婚生子，还是春种秋收、辞旧迎新，人们的许多活动，以及所使用的许多日常物品当中都包含了吉祥文化。

中国人的祈福观念产生很早，并且和中国传统的生活方式有着密切的联系。早在上古时期祈福观念就已产生，当时先民们由于继承了原始的自然崇拜和祖先崇拜，所以为了求得神灵的保佑，祈福已经成为他们生活必不可少的一个部分。

追溯吉祥文化的源头，当属原始部落里面的图腾。原始社会人们的认识水平和科技水平都很低下，面对疾病的折磨和瘟疫的侵蚀，自然就会寄托于一个超自然的力量来抵御这些对于当时的人们来说无比可怕的事情，由此便产生了图腾。因为图腾对于原始氏族来说，是可以消除疾病、抵御灾难和保护整个氏族平安的，从这个意义上来说，图腾便是最早的吉祥物。

到了夏商周三代，由于国家的建立，所以祈福观念稍微发生了些变化。统治者们会假借宗教的权威来增强自己的统治，因此，他们经常会以国家的名义举行祈福仪式，如《礼记·月令》中讲道："是月也，命四监大合百县之秩刍，以养牺牲。令民无不咸出其力，以共皇天上帝名山大川四方之神，以祠宗庙社稷之灵，以为民祈福。"可见，祭祀神灵以祈求神灵保佑的重要性，需要上下一心地去全力准备。同时，祈福观念也在不断发展变化。这一时期，不仅国家政权的统治者注重祈福，民众们也会自发地去祈福。因此，祈福观念从一种国家行为逐渐演变成为一种民间文化。

到了春秋时期，吉祥语句也成为吉祥文化的一部分，如"南山之寿""万寿无疆"等从人的生命角度来诠释的吉祥词语。作为吉祥文化中最为重要的组成部分，健康长寿成为一条一直延续下来的主线。

在中国人看来，许多事物的存在都可以赋予其特别的意义。而当这些特别的意义和吉祥文化相融合时，就更是达到了有形必有意，有意必吉祥的地位。例如人们吃的馒头，本来是解决温饱的东西，而在中国人眼中，它不仅仅只是单纯的食物，而是被制作成各种的面塑（俗称花馍）。每逢佳节，如生日、过年，婚丧嫁娶等，人们都会用它来表达祝福。此外，各种吉祥纹饰更是遍布在了人们生活的各个角落，真可谓无处不吉祥啊。

不仅如此，在生活中，人们即使遇到一些不太顺心的事情，也会给予这件事一个吉祥的解释，常见的如碎碎（岁岁）平安等等。

由此可见，吉祥文化已然融入了中华民族的血液当中。几千年的文明传承，吉祥文化不但没有因为时代的演变而消亡，反而具有了更加鲜活的生命力。这是我国劳动人民在生活中不断创造而形成的，是民族文化不断积淀的必然产物，更是广大劳动人民集体智慧的结晶。

总体来说，吉祥文化的功用主要分为以下两个部分：

第一是对美好的不断追求，如身体健康、万事如意、开业大吉等等，这些可以归结为祈福。正如《中国福文化》的作者殷伟所说："一部中华民族的历史，就是人们孜孜追求福禄寿喜财的历史。"可见，祈福是每个中国人生活中必不可少的一部分。

第二是直接地去消除灾祸、辟邪驱魔，进而求得吉祥平安，这些可以归结为辟邪。郑小江在《中国辟邪文化》中，对此做了详细的介绍：“在中国古代社会与今日中国人的日常生活里，辟邪现象无处不有、无时不在。天体星辰的运行，若发生某种不寻常的变化，人们就会认为将有厄运降临，需要辟邪；气象的演变，雷电风雨雪霜的肆虐，也会使人联想起神灵震怒降祸，故要设祭禳灾；在江河湖海中行舟、在深山老林里劳动，随时都会遇上邪恶妖魔的侵扰，人们当然也需要祭神求灵；大人小孩患病，在科技不发达的古代，自然被当作邪气恶鬼附体，必须采取种种辟邪的行动。在中国古代，婚丧嫁娶、耕作渔猎、远行经商，均是人们生活中的重要事情，因此，立神敬奉、辟邪求吉，是人们的愿望，由此派生出各式各样的辟邪规制、辟邪器物、辟邪习俗、辟邪仪式和辟邪求吉术。”

但是，问题又出现了：不论是祈福还是辟邪，福到了，我们该如何留住？邪入侵，我们又如何挡住？基于这样的情况，锁文化便与吉祥文化结合起来了。

吉祥文化与锁

锁，本来的功用是加在门、箱、抽屉等物体上的封缄器，用来保护财产的安全或者人身的安全。也正是因为锁的功能吻合了人们对于吉祥文化的需要，即在保护住吉祥的东西的同时，又阻挡住灾祸或者邪魔的入侵。吉祥文化与锁的结合，就自然而然地出现了。并且，二者一旦结合在一起，就如同产生了化学反应一般，被应用到了生活的各个方面。如我们平时在身边经常看到的中国结，以及各种各样的锁具，都多多少少和吉祥文化有关联。就拿中国结来说，它本来就是一种变相的绳结锁，只是它锁的不是器物，如门窗或者箱包等，而是要留住吉祥，抑或留住爱情。

在中国吉祥文化中，祈福消灾无疑是一个主要内容。而锁具中的“祈福”含义则是多种多样的，几乎涵盖了人们生活的方方面面。常见的有鱼形锁、长命锁、辟邪锁、寄名锁、百家锁等等。

鱼形锁

鱼形锁在中国传统锁具中出现得比较早，在金属锁出现不久就出现了鱼状的造型锁。鱼形锁在汉代就开始流行，不过在不同的时期鱼形锁具有不同的内

鱼形锁

涵，或者可以说在不同的时期，鱼形锁被赋予的主要内涵是各不相同的。

起初，在汉代的时候，鱼形锁一般是锁在门上的，因为鱼不论白天黑夜，不论活着还是死去，都是睁着眼睛的，所以人们就取鱼不闭目之意，用鱼形锁来锁门，以求得平安幸福。而汉代以后，鱼形锁不论形状和大小都出现了很大的变化，外形更栩栩如生，尺寸也有所减小，由门锁逐渐变成了锁在家中箱子和柜子上的锁，因此内涵便有所扩充，不仅有求平安的意思，而且因为“鱼”与“余”谐音，于是人们就使用鱼形锁以祈愿可以“年年有鱼（余）”，生活可以过得一天比一天好。这个“有余”，首先是有余量。因为民以食为天，当老百姓的庄稼收成越来越好，每年的结余越来越多，就意味着生活质量和水平都越来越好；还有一点就是因为在鱼锁的造型中人们多选择鲤鱼的造型，而“鲤”和“利”的发音相同，所以鱼形锁也有求得吉利的意思。此外，鲤鱼造型的锁具也取鲤鱼跳龙门、金榜题名的吉祥寓意。

长命锁

民间喜欢给小孩子戴长命锁，锁多为金、银、铜等金属材质，也有用玉石雕琢的。长命锁最初是由长命缕发展来的，最早在汉代的时候已经出现，当时人们把长命缕置于门槛上，主要用于辟邪。不过随着时代的发展，长命缕的意义已经发生了很大的变化，在魏晋的时候，长命缕一般被妇女和儿童缠绕在手臂上，因为那一时期社会动荡不安，因此长命缕在这一时期

长命锁

的寓意是祈福求平安。在唐代的时候，长命缕又具有了人丁兴旺这一新的寓意，到了宋代的时候就出现了长命锁，发展到明清之际，长命锁的使用达到了最高峰。

长命锁的形状起初为方形或者如意形。在中国古代，由于认识的限制，对于宇宙的认识还很片面，于是认为天是圆的，而地是方的，由此有了“天圆地方”的宇宙观，而因为“方”和“地”相联系了起来，基于大地的厚重，因此，“方”就被人们赋予了平稳、安定之意；而“如意”的寓意就更加明确，寄托了人们期待万事皆能达成心愿的美好愿望。明清时期的长命锁有了新的形态出现，即带锁的项圈，寓意圈住、留住抑或锁住生命。

另外，长命锁上也带有图样和文字，图样一般都是一些吉祥的元素，如蝙蝠、蝴蝶、麒麟、龙、凤、金鱼、莲花、寿桃等等，文字有“长命百岁”“福寿万年”“长命富贵”等。

长命锁不单单在中国传统社会比较流行，在现在中国的很多地方，依旧保留了这个传统，即如果家里有小孩了，长辈们就会精心挑选一款长命锁来送给新生儿，用来祝福孩子吉祥如意、长命百岁。

千百年来，长命锁的祈福寓意是其最为重要的价值，这些寓意饱含了长辈对晚辈的深厚感情、美好祝愿和殷切希望。中国人就是这样通过对生命历程的感悟，然后把对孩子最为重要和美好的祝愿凝固在长命锁上，并以无比虔诚的心为孩子戴上。于是，这浓缩了所有祝福和爱的小小的长命锁，就这样一代代被传承了下来。

辟邪锁

辟邪锁顾名思义就是为了避免邪气入侵，从而保全生命，求得长寿。辟邪锁种类也很多，常见的有关锁、举梁锁、宝剑锁、箭囊锁、蝎子锁等，都有辟邪之意。

寄名锁

寄名锁和长命锁区别很小，因此很多人经常就会把长命锁和寄名锁当成一种类型。其实所谓寄名锁，是因“寄名”二字而得名。“寄名”即指新生儿的父母为了保证自己所生孩子将来可以健康长寿和幸福美满，起初会给孩子取一个“贱”名，有“贱名长命”之说法。之后，这种思想与宗教信仰结合了起来。一般做法是当自家孩子出生，过了满月后，父母便会抱着孩子来到道观或者寺庙，然后寻道士或和尚来给孩子取一道名或者法名，用这种方式将孩子假托给道观或者寺庙，从而在世俗民众和宗教信仰之间就建立起了某种紧密联系。最终使得孩子可以寄名于仙佛，从而得到各路神仙和诸多菩萨的保佑，驱邪辟魔、挡灾免祸。在寄名于僧道的时候，寄名方要给予被寄名者一些东西，其中最为重要的就是寄名锁和寄名符。《红楼梦》中贾宝玉的身上就戴有寄名锁。

百家锁

百家锁主要流行在明清之际，和长命锁、寄名锁外形相差不是很大，很难区分。其功能主要是祛病消灾以及辟邪，从而使得孩子可以长命百岁。百家锁和长命锁、寄名锁最大的区别在于“百家”二字，所谓“百家”，是指在民间如果哪家有孩子出生，这家父母就会向街坊邻居挨家乞讨银钱或铜钱，之后用乞讨来的钱为孩子打一把锁，有挂在脖子上的，也有系在手上的，因此这种锁被称之为“百家锁”。在向邻居讨钱的时候，有的地方还有特别的讲究，即先向孙、陈、刘、胡四姓之家讨钱，因为孙、陈、刘、胡这四个姓与生、存、留、护四个字谐音，有留存守护生命的意思，也寓意着父母想用百家的福寿来为自家的孩子辟邪消灾，从而使得孩子可以健康成长的心愿。

参考文献：

[1]《礼记·礼运第九》记载："何谓四灵。麟凤龟龙，谓之四灵。"

[2]《尚书·洪范》中有"五福"之论："五福：一曰寿，二曰富，三曰康宁，四曰攸好德，五曰考终命。"寿，当然指的是寿命；富，概指物质上的财富；康宁，即指的是一个平安的生存状态；攸好德，指的是精神上的追求，即指人对于德行的喜好和追求；考终命，就是现在人们经常说的"善终"，意思就是个体生命享尽天年、正常衰老死亡，没有病痛等其他因素的困扰。

第四章　中国伞

一、伞之小史

伞之起源的小故事

生活在春秋战国时期的能工巧匠鲁班广为人知，他是我国土木工匠的祖师。关于鲁班的故事也流传颇广，而因其超凡的创造力，人们也为他附会出种种故事。关于伞的发明，许多人归功于“巧圣先师”鲁班，有一副对联即是证明，上联为“一竿树立拓天空”，下联为“片片弥逢遮雨露”，这显然是对鲁班发明伞的赞颂。由于对于鲁班的崇敬和喜爱，人们也将伞的发明归功于他的家人，比如关于伞的来历，就有两段相关的传说。

一则相传伞是由鲁班的妻子云氏所创，在四千多年前的一个下雨天，云氏偶然看到一个小孩子举着荷叶在雨中奔跑，她受到了启发，便将竹子劈成条状，把兽皮蒙在上面，合上时就像一根棍子，方便携带，打开时如华盖，可遮蔽风雨。

二则相传鲁班父母亡故较早，每次出门干活，他总会把妹妹带在身边，时间久了，耳濡目染，妹妹对于木工技艺也略知一二。一日，闲来无事，鲁班与妹妹闲聊，夸耀自己能建造凉亭，免去人们的日晒雨淋之苦。

妹妹一听笑了，说："那凉亭又动弹不得，怎么能说免去了人们的日晒雨淋之苦呢？如果真能免去，除非造出一座会移动的凉亭。"

鲁班连说："妹妹啊！你又犯傻了，哪里有会移动的亭子？给你三个月时间，你倒是造一个让我看看！"妹妹也不服输，便与哥哥约定以三个月为期限，定要造出会移动的凉亭。

自此，妹妹每日都躲在屋内忙活儿。转眼三个月过去了，一天，妹妹叫来鲁班，拿出一个圆柱形的东西交与哥哥道："这便是会移动的凉亭。"

鲁班笑说："哪儿有这样子的凉亭！"

妹妹不疾不徐地说："哥哥且看看再说。"说着便握着一端的木柄轻轻一推，张开了一块被若干根竹骨支撑的圆形的布，妹妹撑在头顶，来回踱步，得意地对哥哥说："你看！这不就是会移动的凉亭吗？"鲁班喜出望外，连连称赞妹妹心灵手巧。远近的人们听闻有会移动的凉亭，就纷纷前来求教，鲁班的妹妹便将此技艺传与众人，自此，人们出行时就不再受风雨之苦。

这两则传说虽不是确有其事，但一件运用于日常生活中的工具的发明也往往与人们从生活中所受到的启发有着密切的关系。因为能满足需求，便利于生活，故而也就有了伞这一类的日常用具。

伞的发展历程

中国是世界上最早发明伞的国家，早在3500年前的先秦时代，伞就已经出现在我们祖先的生活中。最初的罗伞以布帛制作，是高贵身份的象征，是敬天的神圣之物，普通百姓根本无缘企及。

西晋的崔豹写过一本《古今注》，把当时的各类事物做了简单的解释。其中提到早在黄帝的时代就有了华盖，当年黄帝与蚩尤大战于涿鹿之野，打得天昏地暗。而黄帝的头顶常有从天而降的五色祥云和金枝玉叶为其遮蔽保护，所以黄帝就发明了华盖[1]。先民们相信华盖是一种具有某种神秘力量、可以给人提供庇护的东西，也可以说是天神力量的表现。当然，具体到伞的发明，还要从伞的实用性入手。

最初的伞被叫作“簦”，大约出现在夏商时期，这是一种有柄的笠，笠就是当时人们用来遮阳挡雨的帽子，簦也可以看作是雨伞的雏形，只不过在尺寸上略小于后来的伞，且无法像伞那样随意收放。簦的柄用竹木制作，伞面用树叶或者动物羽毛制成，防雨是其主要功用。很显然，簦是给一般劳动者使用的。

到了公元前 11 世纪左右的西周时期，伞的另一种更“高端”的形制出现了，这就是盖。《史记》里提到孔子周游列国时所乘坐的车上就有“盖”，也作“华盖”。但与簦不同的是，簦可以手持移动，而车盖只能固定在车上，作为遮风挡雨之用，例如秦始皇兵马俑一号铜车马上的车盖。这一类车盖既是实用性工具，也是身份的象征。此外，还有一类用布帛制作的手持华盖被作为宫廷礼仪中仪仗，显示出统治者非凡的身

孔子周游列国图

秦始皇兵马俑一号铜车马上的车盖

手持华盖

份和威仪。

在两千多年前，像今天一样可以自由开合的伞就被我们充满智慧的祖先发明出来，此时的伞已经有了完整伞骨。

“伞”字的前身是“繖”，两者读音相同。从《史记》《晋书》等许多资料中可知繖便是雨具，繖与盖在用途上有一定差异，繖仅为雨具，而盖既可以是车上固定的防雨遮阳的用具，也是仪仗。但是，在含义上两者被混为一谈。此时，距离我们今天所称的“伞”这个名称仅为一步之遥。

到了南北朝时，“伞”这个名称终于出现了。这也意味着伞与盖已被区分开来，伞这一物品也从单一的礼器身份中分离出来。

最初的仪仗伞多为丝帛所制，用于帝王将相的仪仗队，普通百姓不够资格使用。汉代以后，纸被发明

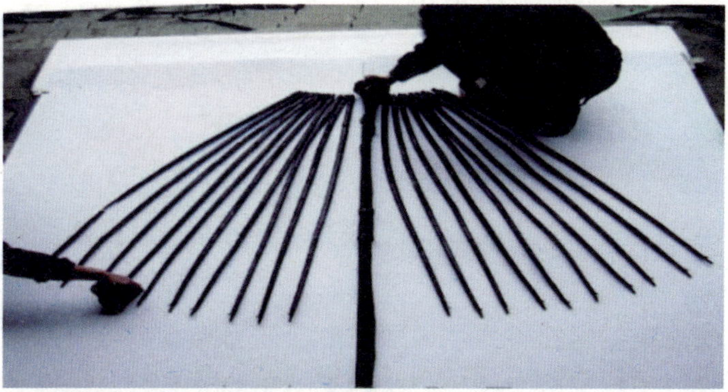

出土的战国古伞的伞骨骨架

出来。到了南北朝，人们就试着用黄纸作为伞面，在上面涂以桐油防水，油纸伞就此诞生了。

伞虽在很早就被发明出来，但在相当长的一段时间里，伞对于穷苦百姓而言只是一件奢侈品。直到唐宋时期，纸质伞才开始在民间广泛使用。纸伞在唐代时还流传到了日本和韩国，到了日本就发展成为后来的和伞，展现出不同于中国伞的别样风味。唐代还出现了用宣纸制作的伞面，书生们在上面写字绘画，使得民间寻常的伞具具有了艺术的气息。

宋代人喜用绿油纸伞和红油纸伞，在北宋沈括的《梦溪笔谈》中，就提到了人们用伞于正午遮阳，可见宋代人的伞已经晴雨两用了。从北宋张择端的《清明上河图》中普通百姓举着伞走过街巷的图景，也可知伞在当时的普及性。而南宋时的杭州是全国制伞中心。宋代人喜称雨伞为“高密侯”[2]，宋代陶谷撰写的《清异录》里曾记录了一个关于制伞人的故事，说的是江南有个叫周则的男子，年少家贫，以制伞为生。后来周则成了皇亲国戚，皇帝便和他开玩笑说起他当年制伞的事情。周则回说自己当年太穷了，为了糊口，每天做两把伞。遇到阴雨连绵的时候，生意就更好。后来渐渐有了点积蓄，又遇上了圣明的君主，就扔掉了这行当。皇帝听了笑说，原来不是我任用了你，你才富贵，这都多亏了“高密侯”的提携啊！

到了元代，棉布产生后，人们在棉布上涂上油，制成了油布伞。

明清两代，民间依然广泛使用油纸伞，而官府也明文规定百姓不得使用罗绢凉伞，这是统治者从物质形态对其统治特权的巩固，也体现了官府对于社会方方面面的控制。明清的书画家们也喜欢在伞上创作，在 2005 年，一把文徵明的山水画油纸伞被拍卖到了 98 万美元的高价。

伞的发展历史，应该说比许多中华物质形态文明的发展都更为简单一些。首先，伞的形状发展演变较为简单。伞从最开始用植物枝叶、动物羽毛制作的

“簦”，以及布帛制作的仪仗华盖罗伞，到后来的油纸伞、绸伞，多为圆形，其变化仅集中在伞柄长短曲直，是否可以开合，以及尺寸的不同等几个方面。其次，伞的制作材料变化较少。从先秦的用植物枝叶制作的“簦”，以及华盖罗伞所用的布帛，到后来纸、桐油、丝绸等材料的使用，伞面的主要材料可以分为纸和布帛两大类。而伞柄、伞骨的材料也不外乎木材或者竹子。因此，从伞的本身演变上看，虽然经历的时间长，但发生的变化较少，伞的文化内涵更多地体现在其使用价值上。

伞的传承

随着时代变迁以及制伞工艺的发展，到了近现代，制作工艺精良，独具中国伞文化神韵的各类伞具在我国不同地域产生并逐渐延续下来，成为我们解读中华伞文化内涵的一个重要实证。

西湖绸伞

丝绸制伞，古已有之。但在古代，绸伞只是用于宫廷或者富贵之家。到了近代，绸伞发生了一次创造性的变革，在美丽的西子湖畔，开出了一朵淡雅温婉的“西湖之花”，这就是西湖绸伞。西湖绸伞始于20世纪30年代，其创始者为著名实业家都锦生先生的丝织厂所属的三名工人，即竹振斐等人。西湖绸伞的创制也是缘起于都锦生先生的一个想法，由于丝绸在

西湖绸伞

淡季时存在销售问题，所以他就想制造一些丝绸产品，以解决丝绸的销路问题。继而，就由竹振斐等人共同研制了西湖绸伞。西湖绸伞的特色是以丝绸作为伞面，竹子作为伞骨，轻便美观。1935年之后，制作西湖绸伞的作坊逐渐多起来，竹振斐也另起炉灶，成立了当时最著名的一家制伞作坊，这便是振记竹氏伞作。

西湖绸伞的丝绸伞面色彩鲜艳，并以刷花、绣花、绘花三种装饰方式来修饰伞面，称作“三花”工艺。其图案主要是各色花鸟、风景、人物等等，当然，最常见的还是代表西湖特色的“西湖十景”。伞骨选择江南的淡竹，经过一番特别的挑选，整个伞骨不用一根钉子。

当年，西湖绸伞刚刚生产出来时，为了扩大知名度，都锦生先生特邀著名影星胡蝶和徐来女士前来参加“绸伞试制成功庆典”，当两位美女手持西湖绸伞款款走过西湖长堤时，身姿婀娜，巧笑倩兮，可谓美人绸伞相得益彰！一时间西湖绸伞的名声便名扬四海。

西湖绸伞的优雅婉约，掩映间的含蓄之美恰与江南杭州特有的柔美细腻相融合，与西湖秀丽而富有历史文化底蕴的风光相映衬，和杭州的丝绸、龙井茶一并形成了杭州所独有的商品。

1972 年尼克松总统访华时，绸伞匠人屠家良巧妙地将西湖绸伞变化为两盏红灯笼伞，合上是伞，撑开是灯，上绘中国古代“四大美人”，悬挂在总统套间的门口，引起了尼克松总统的极大兴趣。因此，政府决定以此作为国礼赠送给尼克松总统。此后，西湖绸伞即被定为国礼，赠送给了多位外国元首。

西湖绸伞因其华美的造型而受到海外人士的青睐，直到20世纪90年代，一些外国友人来杭州旅游时，还会寻访西湖绸伞，带回去作为珍贵的礼品赠送朋友。当法国人看到精美的西湖绸伞，便将它搬上了 T 台，让柔美的东方绸伞与精致的法国时装相映生辉。

1997 年在美国明尼苏达州举行的国际魔术大赛上，我国魔术表演家曾辉在舞台上变出了七八十把西湖绸伞，腾空飞舞的五彩绸伞将西湖之美、杭州之美、中华之美，以及我们悠久的伞文化再一次传播到了海外，让世人知晓华夏文化的博大与神韵！

2008 年西湖绸伞被列入国家级非物质文化遗产名录。

福州三宝之一——油纸伞

在福州，油纸伞和脱胎漆器、角梳被合称为“福州三宝”。福州油纸伞的历史可以追溯到五代时期，

福州油纸伞

北方人王审知率兵南下，建立闽国，也将北方的制伞工艺带到了福州。后经历朝代更迭，福州的制伞技艺不断改进，成为人们生活中不可或缺之物。由于人们出门时总会在包袱中携带一把油纸伞，所以油纸伞就有了一个很形象的名字——“包袱伞”。因为福州所产油纸伞质量上乘，所以到了清乾隆四十八年（1783年），福州油纸伞的出口量已经仅次于布匹和瓷器，成为当地人主要的一个收入来源。直到一个半世纪以后，其出口依然久盛不衰。

江西甲路油纸伞

江西婺源所产的甲路油纸伞不仅制作工艺精良，灵巧别致，而且伞面质地结实。当年，康熙皇帝到江南微服私访，闲来无事，和村民们一道儿去看戏。不巧这天傍晚下起了雨，前排有人撑着伞挡住了后面观众的视线。于是有淘气的小孩子就拿石子用力地砸向拿伞的人，不料，这把伞不仅没事儿，而且把石子反弹到了旁边的伞上，那把伞居然被弹破了！康熙皇帝见状觉得颇为奇怪，让人去打问这伞的产地，一问方知是江西甲路所产。从此，民间就开始流传这样一句民谣:“景德镇的瓷器,甲路的伞,杭州的丝绸不用拣。”甲路油纸伞也就随即跻身“中国驰名商标”行列。

四川泸州油纸伞

素有“中国民间伞艺活化石”之称的泸州分水油纸伞在2008年被正式列入国家级非物质文化遗产名录。泸州油纸伞拥有四百多年的历史，结实耐用，不易变形，可以反复收撑三千次以上，能抗五级以上大风。在20世纪40年代，全国有三分之二的油纸伞都出产于泸州。

走向海外的中国伞

伞在唐代随着众多的中华文化一起传入了日本，从此在日本开枝散叶。在日本艺伎手中、传统舞蹈表演和茶道表演中，以及普通人的生活中都可以看到和伞的影子。在日本人的观念里，紫色伞代表长寿，红色伞用于婚礼，白色伞用于送葬。

中国伞在16世纪传入欧洲，那个时代的英国宗教传统认为，下雨是上天的旨意，用物品遮挡住雨就是违逆上天。所以当有人在伦敦街头打着中国制造的油纸伞时，就会遭到人们的唾弃。然而，伞所带来的生活便利如此显而易见，久而久之，人们渐渐接受了它的存在。又过了许多年，伞变成了英国人的生活必需品，人们甚至以用伞为荣。直到今天，一把做工精良的英国式雨伞还是英国绅士们的标配，即使在天气晴好的日子里，绅士们也会手握一把长柄伞，风度翩翩地从街头走过。此时，伞的实用功能早已“退居二线”，伞变成了一件装饰品，衬托着英国绅士的不凡气质。

二、竹君为骨丝为裳——伞之美

由于伞所用的材质使其难以保存，所以今天我们只能从浩如烟海的史料当中去追寻中国古代伞的形迹。而要挖掘和欣赏伞的美学价值，则要借由流传到今天的纸伞工艺来窥见一斑。

经历时间涤荡，中国伞逐渐步入两条发展道路，体现为两种不同的自身价值，一为实用伞，二为工艺伞。而事实上，实用性的伞也往往具有工艺上的审美价值。

物象之美

材质美

西湖绸伞的丝绸伞面光滑轻盈，与竹的重量相结合，恰巧起到了一轻一重、相互中和的作用。绸缎的柔软材质使伞本身具有了轻灵感，半透明的视觉感受使得撑伞的佳人隐约掩于伞下，增添了东方神秘之美。而竹制的伞骨较重，柔韧中透着坚硬，与丝绸的柔软轻盈恰恰形成了一种对比和对立，表现的是中国美学思想中的“中和”之美，即众多因素的对立的统一。中国古代的“中和”美学是建立在重情感感悟的思维方式的基础之上的，并且注重整体性的理论思维，比如庄子讲“天地有大美”，这种美是通过整体性思维和感悟而获得的，不是直观的视觉之美，而是内心体悟到的天地间博大至善的美。

西湖绸伞的竹制伞骨最能体现伞骨的材质之美，其伞骨以江南所产的淡竹为原材料，选择过程颇为讲究，名曰“号竹”，大意是对竹子进行尺寸的严格筛选，只选生长三年至五年的竹子，在白露前由富有经验的师傅前往采择，因其不易断裂，不易生蛀虫之由。所选竹子要求色匀无斑，五至六厘米粗细。又取其中段二到四节，经过十几道工序制成绸伞的三十五根伞骨。制成的伞骨光洁如玉，柔韧度极佳。

不同于工业时代以后的金属伞骨，西湖绸伞因其考究的选材和独特的制作工艺，所以伞骨本身就具有极高的审美价值。所选竹子在制成伞骨后还需要“撇青”，也就是将竹子的表层分离下来，并逐一编号。等到伞面贴好后，再将竹子的青皮贴上，严丝合缝，此为“贴青”。这样一来，当伞合拢时，不露绸料而只见伞骨，伞骨之状恰是一段完整的竹子，可谓“撑开一朵花，收拢一节竹”。

泸州油纸伞被赞誉为“伞艺王者之尊”，且以红、黄、白、黑、青五色线编织伞骨，纯以手工完成，编织多达2500针，故名“满穿伞”。泸州油纸伞的五彩丝线满穿于伞骨，旋转时呈现出色彩斑斓如梦幻彩虹般的美感。

图案美

民间所使用的伞面图案具有多样性、通俗性的特征，从色彩而言，大多热烈明艳，具有强烈的对比度，所体现的是中国民间传统的集体审美标准。就图案而言，大体上有动物、植物、人物、景物、文字等等。而不同种类、不同地域所生产的伞在图案上也有一定的差异性。一般而言，被民间使用较多的油纸伞的图案倾向于吉祥富贵一类，而作为工艺品的西湖绸伞则偏于雅致的景物。

泸州分水油纸伞的伞面有吉祥二子、双凤朝阳、二龙戏珠、祥云、仙鹤、凤凰戏牡丹等图案，这是中国典型的吉祥富贵的象征，包含了吉祥、富贵、长寿的寓意。并且将同样的吉祥图案连续重复地拓印在伞

西湖绸伞

面上，形成了均衡对称之美。

西湖绸伞最常见的图案是“平湖秋月”“三潭映月”“苏堤春晓”等“西湖十景”，由于“三潭映月”是西湖最具标志性的景观，所以最为常见。此外还有花卉、仕女、山水等。伞面底色多为大红、枣红、墨绿、橘黄、桃红、靛蓝等明丽的色彩。西湖绸伞的图案风格与一般油纸伞不同，更加典雅，且富于韵味，传承了江南灵秀婉约的地域文化，也为美丽的西湖增添了魅力。

民间的伞面表达的往往是普通老百姓的心之所念，不外乎趋吉避凶，祈望万事顺遂。人们在平凡的生活中没有太大的奢望，只求每一天的日子平平安安就好。配合着不同的使用场合，伞面图案也发生着变化，婚嫁时人们选用代表夫妻和睦美满的“龙凤呈祥”“牛郎织女”“天仙配”等图案；有小孩出生时用“二龙抢宝”“宝莲灯”“喜鹊闹梅”“仙女散花”等；老人过寿则可用“不老松”“老寿星”“百鸟朝凤”“八仙过海”“彭祖老仙”等。

装饰美

从上古时期一路发展而来的中国结至今还为我们的生活增添着中国文化特有的韵味，绳结的“绳”与“神”谐音，而“结”以团结、结发、结缘等寓意带给人相聚、团圆的感觉。绳结从结绳记事到装饰性的中国结，其间所编就的是中华民族对于安康祥和生活的朴素向往。因而，中国结被广泛应用于人们日常生活的种种物品上，例如婚礼所用的伞柄末端被装饰以盘长结、如意结、吉祥结、蝴蝶结等。盘长结的特点是连绵不断，用《红楼梦》里莺儿的话就是“每样打一个，十年也打不完。”盘长结在盘曲后首尾相连，故而无头无尾，无终无止。盘长结所使用的是一根没有断头的绳子，表示无限循环、往复不止的意思，其中蕴含的是人们渴求突破一切有限的愿望。生命有限，而情感无限，当坠着盘长结的伞出现在新娘的手中，就成为不断而永续的情感表达，所谓“交丝结龙凤，镂彩织云霞。一寸同心缕，千年合欢花。”那是爱情深挚和子孙绵延的双重祝福。

除了中国结的装饰，伞的装饰还有美丽的流苏。流苏的装饰多见于宫廷仪仗伞以及车马所固定的伞盖上，装饰在伞的边缘，多用五彩羽毛或者丝线制成。皇帝使用的华盖流苏多为黄色，以显示其权威，曾巩诗云：“翠羽流苏出天仗，黄金戏球相荡摩。”流苏为华盖罗伞增添了更多明丽的色彩和摇曳的风姿，使原本单调的华盖罗伞多了几分灵秀之美。

流苏装饰的华盖

另外，伞上装饰的香囊和玉佩也别有风情。香囊和玉佩是古人随身佩戴之物，和中国结一样，它们被装饰在伞柄上，使得伞从形态和内涵上更多了一些值得品读的韵味。伞柄上的香囊能够起到类似于香水的作用，随持伞者的移步而摆动，芬芳氤氲，令人迷醉。此外，香囊的形状也因使用者的身份、年龄的不同而有所变化，例如老人喜爱梅花、菊花等，小孩子喜欢活泼的飞禽走兽。而年轻的恋人们更以香囊为定情之物，所以香囊与伞的结合又增添了些许情爱的温暖。

玉佩的装饰是我国玉文化的体现，温润如玉，犹如君子，玉的品格代表着中国传统文人的一种精神追求。东汉许慎在《说文解字》中将玉德归纳为五个方面，即仁德、正义、智慧、坚贞、廉洁。因此，在古代，玉被广泛地用于人们的日常生活中，伞柄上的玉佩装饰便可见一斑。

伞舞之美

在我国民间舞蹈艺术中，常常使用各种道具以增强舞蹈形体美的效果，民间舞蹈有“东伞西鼓”“北绢南扇”之说。其中以伞为道具的舞蹈，可称作“伞舞”，主要分布在甘肃、湖北、江西、广西、山东、安徽、福建、河南、河北等地。

伞舞中有一种迎神傩舞，产生时期较早。迎神者以伞作为道具，伞作为天的象征，起到了沟通神界与人界的作用。这种类似巫术的舞蹈在汉代称为“灵星舞”，隋唐称“拂舞”，宋代叫作“竹竿拂子”。这种傩舞的第一支便是伞舞，舞蹈者戴着面具，面具象征神，伞为上天，所以伞与面具不可分离。古人认为傩舞表演的是神灵降临凡间的场景，所以一定会带着通天之伞来到祭坛，后世以伞祭祀的风俗就这样流传了下来。

在河北的晋州市流传着一种已经传承了上百年的舞蹈——“晋州官伞”。官伞本指王公大臣的仪仗伞。唐代以后，演变为王侯权贵们互赠的礼物，过寿治丧皆可送伞。因送伞的目的不同，伞面的图案也不同。再往后，一遇到祝寿或婚礼等喜事，人们就撑着伞蹦蹦跳跳前来祝贺，到了清代，就形成了专门在喜事上表演舞蹈的官伞班子，其舞蹈动作的设计也越来越复杂而优美。所以，晋州官伞舞蹈可以看作是人们以夸张舞蹈形式再现送伞礼仪的过程。近代以来，晋州官伞舞蹈主要在村庄的庙会上进行表演。

晋州官伞舞蹈可以说是我们中国民间的“街舞”，具有街头艺术的活泼欢快的特性。因为表演内容的不

晋州官伞

同，又可以分为“文伞”和“武伞”，顾名思义，两者一文一武，一动一静。“文伞”主要演唱一些民间故事，“武伞”则融入了武术、戏曲和舞蹈的元素。2006 年，晋州官伞被列入河北省非物质文化遗产保护名录。

晋州官伞的舞蹈队形分为若干个小组合，每一组多为一男一女或是一男两女，也有更多人组成一个小组的。舞蹈时男性举伞，女性执扇和手帕。如今的官伞舞已经演变成大型广场舞蹈，通常由六十人的方阵组成，较为壮观。

官伞所用的伞基本类似于华盖，表演者以各种动作持伞，使之上下舞动，左右翻飞。官伞舞蹈中融入了地方戏曲、民间舞蹈等众多元素，充分体现出人们的情感追求与民间审美取向。

嘉兴平湖鱼圻塘龙旗龙伞舞是一种军事舞蹈，也是一种祭祀舞蹈，最初称作旗伞舞。龙旗龙伞舞相传源于南宋时的大将军刘锜，他与岳飞并称为南宋四大抗金名将。当年刘锜率兵操练，曾经演练出独特的阵法，将兵士们排为六个阵列，每一阵列由两名将军带领。这支称作“八字军”的精良部队曾屡立奇功，大破金兀术的军队，老百姓为了纪念刘锜将军，在浙江平湖为其建立祠堂，以表怀念之情。鱼圻塘龙旗龙伞舞的表演也是在每一次刘锜祠堂的祭祀活动上，这种

龙旗伞舞

舞蹈以旗和伞作为道具，因为旗和伞在古代所代表的是军队发号施令的工具。舞蹈的动作与刘锜将军排兵布阵的队列相似，可以说是以舞蹈的形式表演军事布阵演练。表演者共二十六人，举大旗者一人，举伞者和举旗者各十人，每一把伞既可代表一路将军，又可代表领旗，同时还有类似盾牌的保护作用。

中国伞的美学意义

中国伞的选材、用料、绘制、装饰等方面都颇具审美价值，而伞本身也是中华民族性格中含蓄美的体现。中国人自古以来以含蓄为美，在生活中，在思维观念中，在文学作品中，含蓄可谓无处不在。伞在许多时候被作为象征物，代表着人们不同的愿望和喜好，这无疑是中国人委婉表达情感的常见方式。

中国伞除了表现含蓄美以外，还对女性的形态美具有一定的装饰作用，代表中国传统制伞工艺的油纸伞和西湖绸伞常常与中国女性温婉美好的形象相映衬，一把美丽的工艺伞，成为女性们喜爱的工艺品。在佳人执绸伞半掩罗绮，嫣然回眸之间凸显了女性之美。

关于女性与伞，我们中国人的审美记忆常常指向西湖断桥边给意中人许仙借伞的白素贞，或是戴望舒

电视剧《新白娘子传奇》剧照

笔下撑着油纸伞徘徊在悠长雨巷的姑娘。白素贞爱慕凡尘中的许仙，一把油纸伞化为媒人，西湖上兴风作雨，一来二去，借伞还伞，恰如钱钟书笔下所说的男女恋爱大抵从借书还书开始。佳人借伞，暗藏情愫；佳人与伞，美绝西湖！

中国伞与女性美的搭配，往往还会使人联想到身着旗袍的中国女性，手中少不了要撑一把油纸伞或者绸伞。旗袍作为中国的国服和礼服，是我们中国传统服饰的代表，在T台上，旗袍往往与伞或是扇相搭配。两者都具有半遮掩的特点，伞不能完全将人遮挡，而旗袍的高开衩也令女性美好的身材若隐若现。两者互相搭配，体现着中国女性温婉含蓄的独有气质。恰如我们古代庭院建筑的照壁，或者园林一进门所设置的假山，在遮挡又不完全遮挡之间体现的是中国人对于含蓄内敛之美的追求。

中国之所以能够传承诸多古代物质形态文明，与中国独特的传统文化密不可分。现代人更需要用传统物质形态美所蕴含的智慧来滋养内心，讲求精神世界的优雅、从容、恬淡，减却对物质的追逐与沉迷，细细地去品味这一竹一丝一缕之间所散发的工匠精神。

三、伞下乾坤伞外天——伞之文化意蕴

华盖何辉赫——权力之伞

先秦时候，伞就代表着不同人的等级、身份。当然，这里所说的伞是指帝王官员们出行时仪仗队里的罗伞，可以从颜色、用料、大小来区分等级。

先秦以降，罗伞的使用就要依据相应的仪仗制度，这种规定一直延续到了明清时期。

罗伞始于先秦的哪一个具体时期，如今已经难以考究。由于其高擎的伞盖不仅能遮阳蔽雨，更能充分显示尊贵者高高在上、浩浩荡荡的威仪，故而先秦以后，

秦陵一号铜车马

罗伞就成为皇帝、官员出行仪仗中的必备之物。

黄色华盖昭示着无上的皇权，帝王专用的华盖以黄色的绫绢制作，称作“黄屋”，其他人不得使用。其华盖具有庇荫百姓的含义，是君主显示其德行的载体。同时，伞作为天的象征物，也是天子的标配。

汉代的帝王及官员的出行队伍中使用曲盖，即为曲柄，上张以罗盖。这种仪仗形式在魏晋南北朝更是普遍。曲盖不仅显示威仪，也显示荣耀，当大将军打了胜仗获胜归来，献上俘虏，皇帝赏赐的物品中就有曲盖。曲盖也往往被用作陪葬品，代表人们“事死如事生”的观念，这在史料和墓葬壁画中都有佐证。

汉代华盖分为两种，一种是在典礼和供奉时使用的固定式，另一种则是日常使用的手持式。汉代的皇帝、皇后以及皇太后使用羽毛华盖，皇太子和皇子用青盖，中二千石、二千石以上的官员用皂盖。

在晋代，华盖与乌纱帽、官服一样具有明确的等级规定，这在《晋书·舆服制》中早已指出。六朝时王公大臣们的仪仗中往往伞扇合用，具体而言，一品官吏用伞、羽扇、团扇；二品官吏用伞、团扇。

隋唐以后，伞扇在仪仗中的等级化使用已经逐渐放宽，帝王不再使用华盖，而代之以伞。唐代的罗盖以官员品级而定，一二品为银顶；三四品为红顶，黑色或是红色、茶褐色罗帏，三层边；五品红顶，两层边。

宋代皇帝所用华盖主要为红黄两色，其他官员可用青色罗伞。史料中记载皇家仪仗队所用罗伞有紫色、黄色、红色，共计十九把。明清时期明文规定百姓不可用罗伞，只能使用纸伞。一般百姓还是以用油纸伞为主。

此外，中国古代不仅对伞的材质、颜色做了详细规定，就连伞的制作工艺上也有等级之分。明清两代规定，油纸伞中的满穿伞只有宫廷或是皇族才可以使用，一般的普通百姓最多只能用两种颜色线穿的油纸伞。

崇天敬神的文化载体

伞在一定意义上反映了古人的崇天心理。沈括在《梦溪笔谈》中明确提出车上的伞盖有二十八根伞骨，对应的便是天上的二十八星宿。伞的圆形，与古人“天圆地方”的观念相吻合。我们可以从汉代出土的铜镜纹饰上看到华盖居于上部正中，代表着天，华盖的底部则代表大地。

华盖作为伞的一种形式，常被古人用于祭祀，来表示对于天的崇敬。东汉灵帝祭祀时在大祭坛上竖起高十丈的十二层五彩华盖，又在小祭坛上竖起高九丈的九层华盖，自己则立于大华盖下面。此处的华盖是天的象征，在古人的观念里，万事万物以天为最大，伞作为天的象征受到了世人顶礼膜拜。

在侗族的祭神舞蹈中，伞代表主宰一切的天的神力。安徽贵池的通神巫术傩仪上以五色纸伞作为神明下达旨意的工具。这些都反映出原始思维的影响力，即把两种有着相似性的物体同等看待，所以，圆形的伞就具有了和天一样的神力。

我们看到旧时油纸伞的顶端常裹着一块方形头巾，古人蓄发，表示身体发肤受之父母，头上覆以方巾表示对于上天的崇敬。这种崇敬被转移到伞上，就形成了油纸伞顶端的装饰。此外，方巾为四方形，四方表示四维，四维就是礼、义、廉、耻，所谓“礼不逾节，义不自进，廉不蔽恶，耻不从枉”，意即做人要谦恭有礼，有节制，行事不应超出道德的规范；做事情要符合公礼，要让别人认可你的成就，而非自我抬高；面对利益诱惑时，要保持廉洁，对于自己错误的行为也不要加以掩饰；不与道德低下的人同流合污，不做违反道德规范的事。古人对人的教化工作可谓渗入寻常，即便小如雨伞者，也能够承担教化的功能，在生活的点滴间“润物细无声”。

从我国的周代起，民间就有在中秋节祭拜月亮神的习俗，人们把西瓜切成莲花形，象征月神的宝座，供奉月亮神像，以红油纸伞、月饼等作为祭品。在此，红油纸伞是月亮神保护百姓，扫除人间邪恶的重要法器。到了北宋，每至中秋，百姓们举家都要撑起一把新的油纸伞，着新衣，祈求月亮神的保佑。

佛教中有住在须弥山上的四大天王，其中北方多闻天王，名曰毗沙门，即多闻之意，他手持法器宝伞，镇压众邪魔，保护百姓的安全。

藏传佛教有大白伞盖佛母，佛母是诸佛之母，其形象是手持一柄白色伞盖，在她的伞下是受其庇护的众生。人间帝王的华盖是庇荫百姓的象征，而佛教中佛母则具有了极为广博的爱，对人，对动物，对一切众生皆以平等心对待。所以，她的伞盖所庇护的范围就要大得多。同样的伞，在凡俗与宗教间发挥着似乎相同，却又不同的作用。

自古以来，中国老百姓对于生活的主要追求便是吉祥如意、趋吉避害。这样朴素的生活追求往往投射在人们的日常用品上，以求处处顺遂，例如油纸伞，所谓“油纸有子，万事圆满”，油纸伞被台湾的客家人看作是吉祥之物。在闽南文化中，由于伞与“散”谐音，所以人们往往忌讳送伞。但是客家人的看法却完全不同，当客家人家中的男孩子长到了十六岁的时候，父母会送他纸伞，因为“纸”与“子”谐音，象征男子的成年。而伞的圆形造型又有圆满的寓意，也含有缘分这一吉祥含义，因此，纸伞成为客家人赠送的吉祥礼物。

客家油纸伞除了具有多子多福、圆满等寓意以外，还被客家人看作是辟邪之物，一来是伞的遮蔽作用使其具有了驱邪的功用；二来伞又与“闪”谐音，所以有躲避不祥的意思。在客家人的宗教仪式上，往往也会在神轿上撑起一把油纸伞来辟邪。因此，油纸伞代表的是客家人对于幸福圆满、吉祥如意生活的期望。从20世纪20年代起，成熟的制伞技艺从广东潮州传入台湾美浓一带，这里兴起了制伞业，油纸伞也几乎成为美浓民间工艺的一个代称，台湾生产

美浓客家油纸伞

油纸伞的地方虽多，但都不及美浓的名声大。

而在福州，伞不仅代表多子多福，被用作辟邪消灾之物，甚至在祭祀先祖的时候，人们还会以一把油纸伞来祭拜祖先，求得保佑。这个风俗源于帝王用的黄盖伞，帝王的黄盖伞是权力的象征。以伞祭祖，代表祈求其先祖在阴间能如帝王一般地位显赫，并能够早日投胎转世。

在我国民间传统文化中，油纸伞表面的桐油具有辟邪作用，道教还认为孤魂野鬼一闻到桐油味就会远远逃开。此外，道教认为木和纸可以连接阴阳，纸为木所做，木有生气，可以附着神灵，故供奉之物多为木或者纸。而油纸伞以木和纸制成，自然就成为道教的一个法器，用以驱邪镇宅、请仙祈福。油纸伞的伞面为阳，在屋里放置油纸伞或者伞尖向下悬挂在屋顶，都表示由众神来保护伞下之人，趋吉避凶。

婚嫁风俗中的吉祥伞

客家人在女儿出嫁时，一定会带上油纸伞，因为伞的繁体为“傘”，“傘”字由五个“人”和一个“十”组成，五个人表示多子多福，也有五子登科之意。此外，《易经》中有“数生于一，成于十”之说，因此，十便是成就与圆满，即十全十美之意。而油纸又与“有子”谐音，故而油纸伞在客家人看来是吉祥的象征。当女子走下花轿，必先撑起一把油纸伞，以求远离邪祟。

在贵州、湖南等一些地区，媒人说媒的时候必会带上一把伞，因为伞撑开时是圆形，合上是圆锥形，恰与圆满之意暗合，媒人便把伞随身携带，也预示着此行的顺利圆满。土家族在撮合婚事时一般要出动两位媒人，她们各执一把伞，表示一个大大的团圆，故而她们的伞也叫作“团圆伞”。“团圆伞”又是提亲是否顺利的标志，婚事成与不成，皆在一把雨伞。媒人初次到女方家，会将伞撑开倒置于门口，若女方同意此事，则会将伞顺立过来，接着才有了第二次的登门提亲。二次提亲的媒介依然是一把伞，依旧将伞倒置门外，所不同的是女方的舅舅同意的话，伞就从室外被收拢移到了室内靠近火塘边。对许多少数民族来说，家中的火塘至关重要，具有类似于汉族家中神龛的地位。第三次提亲，伞还是贯穿始终，这一次提亲顺利的话，伞不仅登堂入室，还进一步被放在了女子的闺房。伞被看作是男性的象征，此处的伞暗含着生殖崇拜的意味。

壮族有一个关于姑娘出嫁打伞的传说，相传有一个叫阿妮的姑娘与小伙子阿强相爱，无奈阿强家中贫穷，遭到阿妮家人的反对。阿妮思念情人心切，趁着赶街的日子，撑起一把伞，避免被熟人看见，赶往阿强的家。后来，这对相爱的男女终于结合。从此，壮族姑娘与情人相会或是出嫁时，都会带上一把伞，表达对于美好爱情的热烈追求与执着忠贞。

云南腾冲固东镇也是一直传承着油纸伞制作技艺的地方，那里的姑娘出嫁的嫁妆里面一定会有两把油纸伞，寄寓早生贵子的愿望。娘家人会在新婚一个月内带着油纸伞、竹凳、鸡笼到女婿家拜访，油纸伞就表示有子有孙、百子千孙的祝福。

伞在婚礼上还有“积阴德”的意义，婚礼当天，新娘不可晒到太阳，因为太阳属阳，所以要设法遮蔽阳光，于是，伞就出场了。

民间的生活诉求永远简单而质朴，在今天各地的民俗中，婚礼上伞依然被或多或少地使用着。家庭作为社会的基本组成单位，无疑寄托着人们许多的美好愿望和美妙憧憬。而伞在婚礼上的使用是人们朴素的生活愿望的反映，所体现的是中华民族善良而朴实的生活追求。

象征清廉的“万民伞”

在中国古代，人民以“万民伞”来表达对于一方父母官的崇敬与认可，当官员离任时，百姓会用一把签满名字的伞相送，以表示挽留不舍之意，也是表示对其在任期间为民造福的政绩的感激之情。此时的伞褪去了实用价值，而是一个“清官”的标志。自古以来，老百姓对于官场的期望不外乎就是希望有清官来为民做主，因此万民伞也表达着民众对执政者的一种强烈的愿望。当官员离任时，有人送他万民伞，就证明他是一位好官、清官，是受到百姓爱戴的。

然而，旧时乡绅百姓送“万民伞”的风俗到了清代却演变成为一种官场的腐败行为。清代的《糊涂世界》第十卷就说道：“在任时第一要联络绅士，要晓得地方官这些万民伞，德政牌，并不是百姓送的，百姓一样出钱，却亦不能不出钱，出钱之后，绅士来还官的情。”显然，此时的所谓“万民伞”早已不是百姓自愿送出的礼品，而成为另一类的苛捐杂税，并且贴上了“清廉”的标签。

就像许多日用之物一样，在伞的发展历程中，也被人们赋予了远远超出其实用价值的文化价值。伞对于帝王而言，是权力的象征；对于官员而言，万民伞则是为官政绩的象征；对于普通百姓而言，伞象征着天神的存在，庇护着他们，也祝福着他们。可见，伞对于不同阶层的人们都有着实用功能以外的诸多功用，从而成为一个能够表达中华文化的符号。

参考文献：

[1]【晋】崔豹《古今注》卷上记载："华盖，黄帝所作也。与蚩尤战于涿鹿之野，常有五色云气，金枝玉叶止于帝上，有花葩之象，故因而作华盖也。"

[2]《尔雅·释山》："山如堂者密。"郭璞注："形如堂室者。"伞形如山，故后人戏称之为高密侯。

结 语

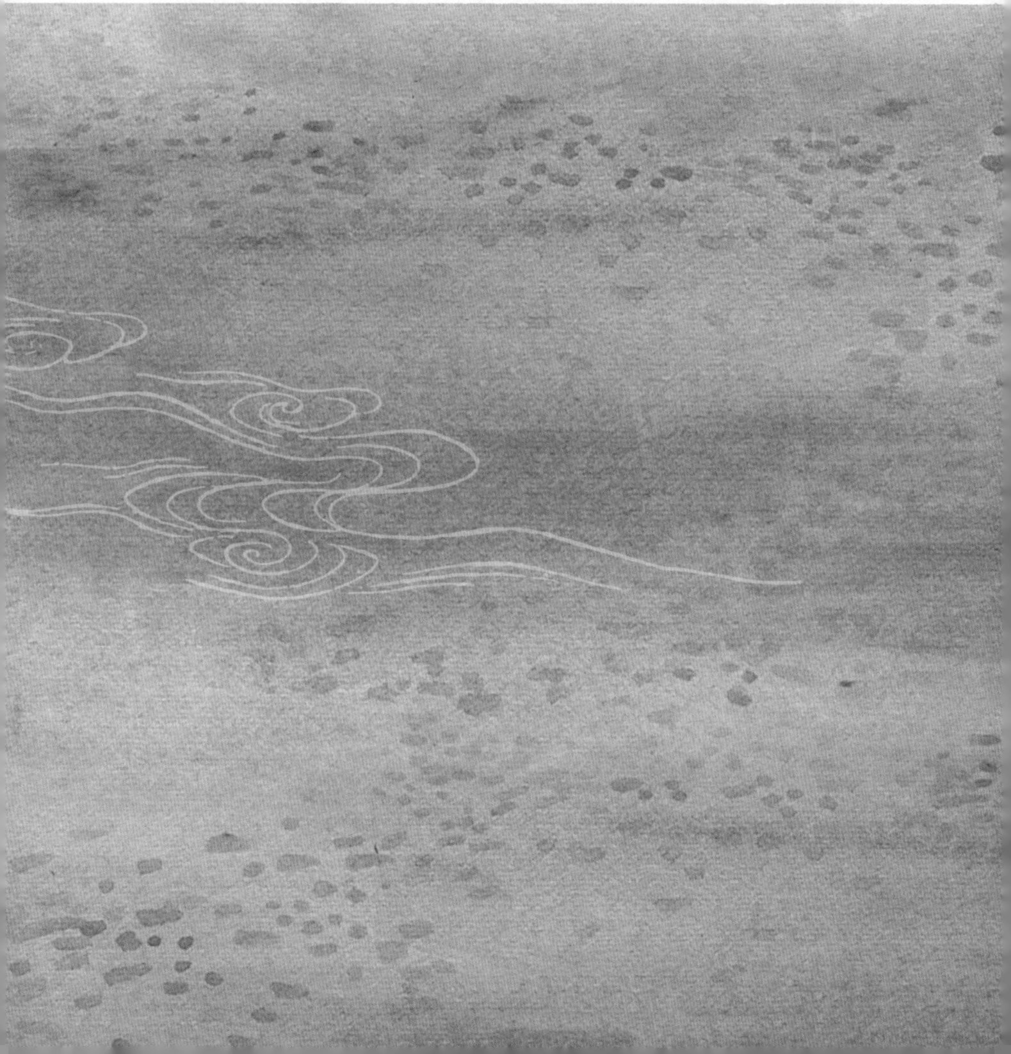

本书从日用之物开启解码中华文化之旅，以小见大，见微知著，物虽平常，但上可象征帝王之威仪，体现中国古代森严的等级制度；中可书写文人怀抱，寄情山水于尺幅之间；下可反映民众心声，表达老百姓对于生活的小小愿望，可谓是一扇可以窥见中华千年文化积淀的窗口。书中所述的四件物品，皆是从先秦一直延续到当代，并且在漫长的发展过程中都打上了不同时代的烙印，留存着人们的审美观念、生活追求，社会发展的政治形态、经济状况。但是，在进入工业化时代以后，这些物品已经失去了其文化传承的动力。因此，本书对于日用之物本身及其所沉淀的文化内涵的解读就显得非常有意义。

而因笔者力有不逮，对诸多物态文化的解读尚浮于表面，有待进一步的深层次挖掘，诸如灯文化与宗教之灯的关联，扇的文学意象，等等，还需以学无止境之心继续研究典籍，方不愧对我中华之瑰宝。